LE SÉNÉGAL :
DES IDÉES POUR UNE NOUVELLE DONNE

Points de vue
Collection dirigée par Denis Pryen
et
François Manga-Akoa

Déjà parus

Mark BLAISSE, *Reconstitution du complot international contre la Guinée-Equatoriale. Riche, trahi et oublié*, 2012.
Fulbert Sassou ATTISSO, *Le Togo sous la dynastie des Gnassingbé*, 2012.
Nathanaël ALEYETI KABWA, *Bâtir le Congo*, 2012.
Zachée BETCHE, *L'invention de l'homme noir. Une critique de la modernité*, 2012.
Florent SENE, *Raids dans la Sahara central (Tchad, Libye, 1941-1987)*, 2012.
Armand TENESSO, *L'Afrique dans un maelstrom*, 2012.
François MONGUMU EBOUTA, *Omar Bongo Ondimba, le secret d'un pouvoir pacificateur*, 2012.
Patrick ATOUDA BELAYA, *Cinquante ans après les indépendances, quel héritage pour la jeunesse africaine ?*, 2012
Ernest Nguong Moussavou, *Françafrique. Ces monstres qui nous gouvernent*, 2012.
Nguila Moungounga-Nkombo, *Mon combat politique* (entretiens avec Jean Saturnin Boungou), 2011.
Gaston M'bemba-Ndoumba, *L'école d'expression française en Afrique*, 2011.
Erick Césaire QUENUM et OSWALD PADONOU, *Le Bénin et les opérations de paix. Pour une capitalisation des expériences*, 2011.
Roger Démosthène CASANOVA, *Putsch en Côte d'Ivoire*, 2011.
Ismaël Aboubacar YENIKOYE, *Intelligence des individus et intelligence des sociétés*, 2011.
Pierre N'DION, *Quête démocratique en Afrique tropicale*, 2011.
Emmanuel EBEN-MOUSSI, *Le médicament aujourd'hui. Nouveaux développements, nouveaux questionnements*, 2011.

PIERRE SARR

LE SÉNÉGAL :
DES IDÉES POUR UNE NOUVELLE DONNE

L'Harmattan

© L'Harmattan, 2012
5-7, rue de l'École-Polytechnique ; 75005 Paris

http://www.librairieharmattan.com
diffusion.harmattan@wanadoo.fr
harmattan1@wanadoo.fr

ISBN : 978-2-296-99396-9
EAN : 9782296993969

À ma famille, à mes amis,
à tous ceux qui, à la croisée des chemins,
m'ont été d'un soutien, de quelque nature que ce soit.
Je tiens à leur témoigner, ici, ma profonde gratitude.

ABRÉVIATIONS, SIGNES ET ACRONYMES

ANEJ : Agence nationale pour l'emploi des jeunes
ANSD : Agence nationale de la statistique et de la démographie
APE : Accords de partenariat économique entre l'Union européenne et les pays d'Afrique, les Caraïbes et le Pacifique
ARMP : Agence de régulation des marchés publics
CFA : Communauté financière africaine
CNEE : Convention nationale État employeurs
CSM : Conseil supérieur de la magistrature
DCMP : Direction centrale des marchés publics
DIF : Droit individuel à la formation
DSRP : Document stratégique de réduction de la pauvreté
FNAE : Fonds national d'action pour l'emploi
FNPJ : Fonds national de promotion de la jeunesse
IDH : Indice de développement humain
IPC : Indice de perception de la corruption de transparency international
NEPAD : Nouveau partenariat pour le développement de l'Afrique
OFEJBAN : Office pour l'emploi des jeunes de la banlieue
OGM : Organisme génétiquement modifié
PAS : Paysage audiovisuel sénégalais
PTIP : Programme triennal d'investissement public
REVA : Retour vers l'agriculture
RTS : Radio télévision sénégalaise
SCA : Stratégie de croissance accélérée
SYNPIC : Syndicat des professionnels de l'information et de la communication du Sénégal
UA : Union africaine
UEMOA : Union économique et monétaire de l'Afrique de l'Ouest

INTRODUCTION

La *Grande Dépression*[1] qui a secoué le monde en 2008 a fini de parachever l'avènement d'un nouvel ordre mondial.
À l'Ouest, la puissante Amérique voit son économie considérablement affaiblie et sa suprématie rudement mise à l'épreuve[2]. En Europe, les démons de la peur ressurgissent : l'extrême droite a le vent en poupe[3]. Les plans d'austérité qui se succèdent un peu partout (Grèce, Portugal, Espagne, Royaume-Uni, Italie …) alimentent et exacerbent les grognes sociales. L'Occident serait-il fini[4] et l'Europe dans une impasse[5] ?
À l'Est, l'Asie et particulièrement cette *incroyable Chine*[6], devenue un acteur incontournable de la scène internationale, s'empare petit à petit du leadership mondial, joue d'ores et déjà les grands rôles et étale sa toute-puissance au grand jour.
Au sud, pendant que certains États connaissent une croissance en constante progression[7], d'autres et d'Afrique subsaharienne en particulier, tâtonnent, se cherchent encore.
Dans cette quête, d'aucuns, malgré les difficultés persistantes, sont sur la bonne voie[8], d'autres, en dépit d'un départ

---

[1] Terme employé par Joseph E. Stieglitz dans son essai *Le Triomphe de la cupidité,* BABEL, 2010 pour désigner la crise de 2008. À ne pas confondre avec, notamment, la grande dépression qui désignait la crise de 1929.
[2] *cf. Problèmes économiques* N° 3005 - 2010.
[3] France info du 20 septembre 2010, l'Express du 7 décembre 2010.
[4] Pour plus d'informations sur la question, lire le numéro spécial de *Courrier international* de février-mars-avril 2011.
[5] cf. *Marianne* N° 712 du 11 au 17 déc. 2010, p 60 - 67.
[6] *Nouvel Observateur* N° 2407 2408 de janvier 2010 p 65 - 115.
[7] Genc Burimi, *L'Amérique latine, l'autre jambe de la croissance mondiale,* 05 juillet 2010 www.rfi.fr
[8] Lire le dossier consacré à l'Afrique : « l'Afrique décolle » in *Problèmes économiques* N° 3010 de janvier 2011.

prometteur, voient au fil des années, leur avance s'amenuiser considérablement.

Le Sénégal, hélas, est de ceux-là.

Dans notre pays, les choix de développement qui ont été faits et les stratégies qui ont été mises en œuvre par les différents régimes qui se sont succédé jusque-là, soit tardent à produire les effets escomptés, soit ont montré leurs limites[9] et témoignent du reste, à travers des faits saillants, que le bon sens n'a souvent pas été au service de l'action politique.

Le pays se désindustrialise progressivement, aux nombreux problèmes cruciaux non résolus se juxtaposent le larbinisme, le clientélisme, l'affairisme politique,[10] l'arrivisme des thuriféraires de tout genre, l'absence pathétique et honteuse de conviction de ceux qui, sans cesse, retournent leur veste au gré des vents du pouvoir.

Oui, la cupidité, l'avidité, l'impunité et l'irresponsabilité de certains sèment le désespoir et cèdent du terrain à l'exaspération.

Est-ce donc cela notre *espérance du développement*[11]?

Est-ce donc cela notre réponse au sens du devoir, à l'*appel de l'honneur*[12]?

Est-ce donc cela le fondement de notre culture ?

Est-ce donc cela le Sénégal que nous voulons construire, le rêve que nous voulons bâtir ?

Il convient, dans la recherche de réponses aux questions posées ci-dessus, de se demander si nous affûtons réellement

---

[9] Lire pour plus d'informations Daffé, Diagne, *Le Sénégal face aux défis de la pauvreté : Les oubliés de la croissance*, Paris, Editions Karthala 2008, 376 p ; M. C. Diop, *Le Sénégal Contemporain*, Paris, Editions Karthala 2002, 655 p.

[10] cf. révélations de wikileaks sur le Sénégal publiées par le journal *Le Monde* et reprises par Natalli.fr

[11] M. C. Diop, *Le Sénégal Contemporain,* Paris, Editions Karthala 2002, p. 23-24.

[12] cf. *Le Chant de la Jeunesse* du Sénégal écrit par Léopold Sédar Senghor.

les armes adéquates pour nous prendre en main, pour un Sénégal apaisé, ou si nous devons compter sur les autres pour assurer à nos populations un avenir meilleur.

Dans un contexte de crise mondiale et face aux défis multiples auxquels le Sénégal doit faire face : répondre à l'urgence de la crise économique et sociale, réaffirmer l'autorité de l'État, le respect de l'État, la justice pour tous, repenser l'impact de l'activité humaine sur notre environnement, s'atteler à la qualité de nos infrastructures, bref, se soucier du quotidien de nos concitoyens, il est plus que nécessaire de se tourner résolument vers une nouvelle donne ayant pour fondement le changement de mentalité, de comportement, et pour finalité l'action. L'action — vraie et juste — au service de l'intérêt national.

L'objet des lignes qui vont suivre n'est pas de revenir sur les réalisations qui ont été entreprises jusque-là par les uns et par les autres, ni de faire le procès d'un quelconque régime quel qu'il soit, rajoutant ainsi à la littérature déjà abondante dans le domaine. Les difficultés auxquelles font face aujourd'hui les Sénégalais s'en chargeront.

Le but de notre propos n'est pas non plus de manifester une certaine présence, une prétention de quelque nature que ce soit, encore moins d'inciter à une révolution citoyenne comme certains l'ont fait ou le préconisent ailleurs,[13] quand bien même elle doit constituer un rempart à tout autoritarisme et à toute forme de confiscation de la souveraineté populaire ou de déni démocratique par la pratique d'une citoyenneté active et responsable.

Notre préoccupation et notre vœu à travers ce livre que nous avons voulu très accessible et qui ne traite volontairement que de certains sujets, est de proposer des idées, des pistes de réflexion, de susciter le débat pour fonder réellement les bases de vraies ambitions, d'une réelle vision de l'avenir à

---

[13] Jean-Luc Mélenchon, *Qu'ils s'en aillent tous, Vite la révolution citoyenne*, Paris, Flammarion, 2010, p. 13 - 18.

même de réaffirmer haut et fort notre fierté, notre amour pour ce pays qui nous est cher à tous et de restaurer son image, parfois, si malmenée.

Les idées que nous exposons ainsi que les interrogations soulevées dans cet ouvrage sont le résultat de notre regard sur le Sénégal, sur le monde, de notre trajectoire personnelle et de notre rêve d'un Sénégal soucieux de tous les Sénégalais.

Cette analyse n'a de raison d'être que pour partager notre enthousiasme, notre optimisme et notre vision d'un Sénégal fort. Fort de ce qu'il est : une grande nation, et fort de ce qu'il a : du mérite.

C'est en définitive une invite à tous ceux qui veulent changer en profondeur ce pays, à tous ceux qui veulent agir — vrai et juste —, à tous ceux qui ont un motif légitime d'indignation, à tous ceux qui ne cèdent pas à la résignation, à tous ceux qui ont pour passion la république et à tous ceux qui admirent la démocratie.

« *Rien ne peut se faire de manière individuelle [...]* » disait Verschave[14]. Aussi, « *il nous appartient tous ensemble de veiller à ce que notre société soit une société dont nous sommes fiers [...]* »[15]. Et pour pasticher le sage Confucius « *Plutôt que de maudire les ténèbres, allumons chacun une chandelle, si petite soit-elle ; l'homme qui déplace une montagne est celui qui commence par assembler de petites pierres* ».

Cet ouvrage s'articule autour de cinq idées principales :

Dans le premier chapitre, nous tenterons de cerner le contour de la refondation républicaine et idéologique que nous souhaitons de tous nos vœux. Nous insisterons pour cela, sur le sens du consensus et l'avènement d'une constitution stable au service de la nation. Nous ne manquerons pas d'appeler au retour de l'État, à une nouvelle praxéologie politique et au

---

[14] François-Xavier Verschave, *De la France Afrique à la Mafiafrique*, Paris, Éditions Tribord, 2004, p. 66.
[15] Stéphane Hessel, *Indignez-vous !*, Paris, Indigènes Editions, 2010, p. 9.

culte de la citoyenneté pour l'avènement d'un nouveau contrat social.

Dans le deuxième chapitre, nous nous proposerons d'aborder la problématique de la croissance en développant les thèmes de la bonne gouvernance et de la lutte contre le chômage par une nouvelle orientation économique.

Le troisième chapitre quant à lui s'intéressera aux médias sous l'angle de leur contribution au développement.

Le quatrième chapitre traitera de la nécessité d'une pédagogie écologique.

Enfin, le dernier chapitre sera un plaidoyer pour « Plus d'Afrique et mieux d'Afrique ».

Chapitre 1

POUR UNE REFONDATION IDÉOLOGIQUE ET RÉPUBLICAINE

> « Notre salut dépend de nous-mêmes, de ce que nous sommes, de notre culture, de notre mentalité, de nos croyances, de notre solidarité et de la manière dont nous arrivons à les intégrer dans le monde autour de nous, à les enrichir en les confrontant à d'autres réalités »
> Kettly Mars[16]

Pour asseoir notre propos sur un socle conceptuel précis, il convient de nous entendre sur la notion de refondation idéologique et républicaine. Tout d'abord, le terme de refondation renvoie ici à l'idée de reconstruction. Il s'agit donc de reconstruire [quelque chose] sur des bases et des valeurs nouvelles en tenant compte de ce qui existe déjà.

Aussi, la refondation idéologique et républicaine à laquelle nous faisons allusion revient à proposer une nouvelle approche, innovante, mais fidèle aux valeurs traditionnelles et républicaines de notre nation. C'est s'orienter résolument vers la marche du progrès sans nous renier, mais sans non plus nous enfermer dans nos vieilles habitudes, les faux débats, la pensée toute faite. C'est pour que la puissance publique revienne à son véritable rôle de stratège en matière économique, sociale et industrielle. C'est remettre au cœur du débat politique le principe d'intérêt général dans une société qui tend de plus en plus vers la glorification des particularismes. C'est tirer les enseignements de nos erreurs collectives et proposer un nouveau fonctionnement par une

---

[16] Kettly Mars in *L'Afrique répond à Sarkozy : Contre le discours de Dakar,* Paris, Editions Philippe Rey, 2010, p *389*.

nouvelle organisation. C'est en somme, la bataille pour un nouveau modèle de société.

Il apparait donc que toute refondation, quelle qu'elle soit, suppose une certaine remise en cause. Mais, une remise en cause qui n'est pas suivie d'actions adéquates n'est que poudre aux yeux, saupoudrage et trahison. Que l'on ne s'y méprenne point. Au Sénégal, les questions qui peuvent justifier une telle refondation idéologique et républicaine sont nombreuses, légitimes et, bien évidemment, les réponses aussi diverses que ceux qui s'y intéressent.

Assurément, il ne s'agit point, nous l'avons dit, de « vendre notre âme au diable » ni de « renoncer à nous-mêmes », encore faut-il savoir ce à quoi nous renonçons et pourquoi nous y renonçons. Il s'agit, à juste titre, de bousculer les habitudes, le conformisme, de ne plus céder à la fatalité, mais d'embrasser la créativité, l'innovation et l'imagination pour s'engager enfin vers un *juste redressement* et l'édification d'une société nouvelle où le travail, l'honnêteté, le courage et le respect des règles, la tolérance et la curiosité, la loyauté et le patriotisme seront les valeurs dont notre succès dépendra[17].

Lorsque les enjeux sont si importants et la tâche si ardue, ne devrions-nous bâtir notre action sur des fondements solides, une vision partagée, un socle conceptuel commun ? N'est-ce pas là, le choix du bon sens et la voix de la raison ? N'est-ce pas là, la seule alternative salutaire ?

Ce choix du bon sens et cette voix de la raison nous obligent à aller au fond des choses, à tester les solutions qui fonctionnent ailleurs et qui pourraient correspondre à nos réalités et à nous interroger, notamment, sur les points suivants.

---

[17] Adapté du Discours d'investiture d'Obama du 20 janvier 2009 à Washington.

I — Le sens du consensus

Depuis plusieurs années, l'Afrique de l'Ouest a connu et connait encore, hélas, une série de conflits internes violents qui ont mis en jeu la stabilité de toute la région. Ces événements montrent, s'il en était besoin, à quel point la démocratie, *cette improbable expérience*, peut être fragile. Elle l'est souvent par la faute de ceux qui se disent démocrates alors qu'ils la pourfendent. Elle l'est par la faute de ceux qui confondent intérêt général et intérêt particulier ou partisan. Elle l'est par la faute de ceux qui se croient incontournables, indispensables. Elle l'est par la faute de ceux qui font de la transparence leur ennemi, de l'inacceptable leur fonds de commerce et de la politique du « grand écart permanent » leur idéologie. Aussi, exige-t-elle des précautions et des attentions qui ne lui sont pas toujours accordées, une vigilance absolue, mais aussi et surtout des fondements nécessaires à sa sauvegarde. Un fondement qui pourrait s'exprimer par :

- ✓ L'institution d'un pacte républicain, implicite ou explicite où le sens des responsabilités, le souci de l'intérêt général ou national, le dialogue, le rejet de la violence.

- ✓ L'existence d'accords multipartites pour faire prévaloir l'intérêt supérieur du pays, notamment, sur certaines questions primordiales relatives à l'économie, à l'écologie, au pacte social, etc.

Ce pacte, par ailleurs, nous animerait tous et serait le nœud de toute vie et de tout engagement politique.

- ✓ Oser le dialogue, qu'il soit social ou politique, est le seul choix qui vaille. Seuls le dialogue et la concertation mènent au compromis, à l'entente et à des solutions constructives.

La grandeur d'une démocratie, d'un démocrate ne réside-t-elle pas dans la capacité à accepter — pacifiquement— les différences, au travers de la confrontation des idées et au travers du débat ?

À cette démarche, toutes les forces vives de la nation doivent prendre part, en particulier la société civile dont le rôle est « *de participer pleinement à la promotion d'une citoyenneté active, exigeante et réceptive aux exigences de la modernité politique et ouverte aux conditions de son adoption par des sociétés qui aspirent à y accéder. Elle doit à cet effet, entreprendre des actions résolues de sensibilisation et d'éducation civique favorisant une meilleure gestion du projet démocratique encore captif de la boulimie des politiques* [18] ».

« *Si nous nous retirons dans nos coins respectifs, nous ne serons jamais capables de nous unir pour relever les défis de notre temps [...]* », disait Barack Obama. « *Nous pouvons avoir des histoires différentes, mais nous portons les espoirs communs ; nous pouvons ne pas avoir la même apparence et ne pas venir des mêmes endroits, mais nous voulons tous aller dans la même direction — vers un avenir meilleur pour nos enfants et nos petits-enfants* [19] ».

Nous devons donc, plus que jamais, préférer le compromis à la compromission, l'intérêt général à l'intérêt partisan, « *l'espoir à la peur, la volonté d'agir en commun au conflit et à la discorde [...] pour ne pas être du mauvais côté de l'Histoire* »[20]. D'où la nécessité d'avoir des institutions solides.

---

[18] Coulibaly A L, *Une démocratie prise en otage par ses élites*, Dakar éditions Sentinelles 2006 p 225.
[19] Barack Obama, *op. cit.*
[20] Barack Obama, *op. cit.*

II — Une constitution stable au service de la nation

« *Le Sénégal bat le record des révisions constitutionnelles en Afrique* ».

Ces propos du constitutionnaliste Ismaïla Madior Fall[21] montrent à quel point le Sénégal vit dans une instabilité constitutionnelle avérée.

À qui profitent ces révisions constitutionnelles à répétition ? Sont-elles légitimes ?

Constituent-elles une avancée démocratique ou sont-elles le fruit des calculs de personnalités politiques mal intentionnées ou soucieuses de leurs propres intérêts ou intérêts partisans ?

La réponse à ces questions n'incite guère à l'optimisme et semble accréditer l'idée qu' « *en dépit des proclamations de rupture et d'avènement au Sénégal d'une constitution promotrice des droits fondamentaux [...], rien, en un mot, rien ou presque rien n'a vraiment changé dans le fond [...] juste une illusion du changement constitutionnel [...] et une continuité manifeste* [22] ».

Dès lors, comment en finir avec des institutions de type monocratique, propres à assurer la domination d'un parti ou d'un homme sur l'ensemble des acteurs politiques par la manipulation des règles du jeu démocratique, des règles constitutionnelles et électorales, au mépris des règles de convergence constitutionnelle[23] ?

---

[21] Le professeur Ismaïla Madior Fall, in *Remue-ménage* - RFM 11 Mai 2008, 23:06.
[22] I. M. Fall; *Evolution constitutionnelle du Sénégal : De la veille de l'indépendance aux élections 2007*, Paris, Karthala, p103 - 128. Lire aussi Assane Thiam in *Politique Africaine* N° 108, décembre 2007 p 147 - 153
[23] *Projet de recherche-action 2009 sur le Constitutionnalisme et les Révisions constitutionnelles en Afrique de l'Ouest : le cas du Bénin, du Burkina Faso et du Sénégal* p 2- 48.

Comment faire en sorte qu'elles reflètent suffisamment les besoins, les préoccupations et les valeurs culturelles des citoyens[24] ?

S'il est vrai que les constitutions sont le résultat des conjonctures, force est d'affirmer qu'elles doivent mettre le droit en harmonie avec les nécessités sociales, mieux, les nouvelles exigences de la citoyenneté, le triomphe de la raison saine pour une société en marche vers la « maturité » et être adaptées au service des nations. Faut-il rappeler l'article 16 de la Déclaration des droits de l'homme et du citoyen selon lequel : *« toute société dans laquelle la garantie des droits n'est pas assurée, ni la séparation des pouvoirs déterminée n'a point de constitution...».*

Parce que la constitution, cette *norme mère* qui se trouve au sommet de la pyramide juridique, désigne les lois qui régissent matériellement l'organisation des pouvoirs publics, donne vie et conditionne la validité de toutes les autres normes[25], n'est-il pas illusoire de vouloir prétendre à une quelconque stabilité, à une vraie évolution démocratique si les fondements mêmes de ces institutions sont malléables à souhait et soumis aux désidératas de personnalités mues par on se sait quel intérêt ?

- ✓ Complexifier la révision constitutionnelle pour décourager les velléités réformistes,
- ✓ soustraire, en plus de la forme républicaine de l'État[26], d'autres principes à toute forme de révision,
- ✓ associer davantage la société civile, le citoyen à la vie constitutionnelle par la pratique d'une démocratie plus participative et la revalorisation, entre autres, des lois d'initiatives populaires,

---

[24] Ibid.
[25] I. M. Fall *op. cit.* p 11.
[26] Article 103 de la constitution de la République du Sénégal du 22 janvier 2001.

✓ revoir les méthodes de nomination des membres du Conseil constitutionnel (y associer, par exemple, la société civile, le conseil supérieur de la magistrature, les députés)

constitueraient des solutions envisageables.
De toute évidence, le Sénégal dispose de toute l'expertise nécessaire pour se donner une constitution soucieuse de l'intérêt général, qui sera l'ossature, le fil d'Ariane de la société à laquelle nous aspirons pour la grande majorité et qui supportera toutes les promesses que ce pays porte en lui. N'est-ce pas uniquement une question de volonté et de courage ?

Œuvrer pour que la constitution soit, reste et demeure un outil au service du *bien commun, du plus grand bénéfice du peuple* doit être une priorité absolue pour tout gouvernement crédible et responsable et par ricochet une condition sine qua non pour permettre la restauration de l'État.

III — Le Retour de l'État

Si l'alternance intervenue en 2000 avait suscité de réels espoirs, force est de reconnaître que ça n'a pas duré[27]. Le changement longtemps et partout galvaudé n'a été que de façade et a laissé place à de profondes interrogations[28].
Le décalage énorme entre les discours et la réalité, l'idée d'un Sénégal en trompe-l'œil dirigé par un illusionniste de talent[29] a gagné du terrain face aux difficultés qui se sont accumulées et pour lesquelles des solutions adéquates ont fait défaut. Les

---

[27] Jacques Morisset, économiste principal de la Banque mondiale à walf.sn 03 05 2006.
[28] Lire en particulier A. L. Coulibaly, W*ade, un opposant au pouvoir. L'alternance piégée ?*, Dakar, éditions Sentinelles, 2003, 300 pages; Daffé et Diagne, *Le Sénégal Face aux défis de la pauvreté : Les oubliés de la croissance*, CRES, KARTHALA, CREPOS, 2009, p323-367.
[29] Philippe Bernard « Le Sénégal en trompe-l'œil » in *Le Monde*, 17 mai 2006.

Sénégalais *« ont perdu espoir face à un chômage de masse [...] La corruption est aujourd'hui devenue une réalité qui ne peut être combattue que par des mesures concrètes* [30] *»*
Les scandales, régulièrement relatés par la presse locale, se sont succédé. L'éthique a laissé la place aux conflits d'intérêts, au népotisme, au copinage, au clientélisme, au trafic d'influence.

La mal gouvernance, les incohérences des politiques menées, les résultats insuffisants des différentes stratégies qui ont été entreprises par les autorités et ayant pour finalité la lutte contre la pauvreté, sont de plus en plus mises en évidence par plusieurs sources[31]. Pourtant le Sénégal figure parmi les pays les plus aidés au monde, une aide dont l'efficacité est de plus en plus questionnée[32] et qui nous place dans une sorte de dépendance critique.

Par ailleurs, l'infrastructure industrielle du pays s'est affaiblie. Des fleurons, jadis de l'industrie sénégalaise (Les ICS, la Poste, la SENELEC, la RTS, le Soleil et l'APS, la SAR...) connaissent d'énormes difficultés liées à l'insuffisance des capitaux propres ou de ressources de fonctionnement, ce qui a entraîné l'accumulation de dettes fiscales, sociales, bancaires vis-à-vis des fournisseurs, sans compter les privatisations des secteurs stratégiques du pays accentuant par là même notre dépendance et le désengagement de l'État des services sociaux de base[33].

---

[30] Révélations de télégrammes de la diplomatie américaine par WikiLeaks
[31] Lire à ce sujet O'Brien, Diop, Diouf : *la Construction de l'État du Sénégal,* Paris, Editions Karthala, 2002 p 47 – 82 ; Daffé et Diagne : *Le Sénégal face aux défis de la pauvreté; les oubliés de la croissance,* Paris, Editions Karthala, CRES et CREPOS 2008, M. C. Diop, « Le Sénégal à la croisée des Chemins », in *Afrique Politique* N° 104 : p 113 - 115.
[32] « L'aide, premier employeur du Sénégal après l'État ? » in *Échos de la Banque mondiale,* N° 5, juillet 2006, p.22.
[33] Lire Moussa Samb, UCAD, *Privatisation des services publics en Afrique subsaharienne à l'heure des bilans,* p 1 - 39.

La récente modification du code des marchés publics qui avait créé l'émoi en 2010 aussi bien dans l'opinion publique que chez les partenaires financiers avait augmenté la suspicion quant à la gestion transparente des finances publiques malgré le « revirement » opéré par le Décret 2011 — 04 du 6 janvier 2011 consacrant sa mise à jour. « *Le principe de l'indépendance de la justice a été malmené par l'exécutif suite à des affaires qui n'ont jamais été élucidées [...] La santé et l'éducation fonctionnent à deux vitesses, notamment avec la multiplication des structures de soins et de formation privées concentrées à Dakar [...]* [34] ». Bref, s'occuper du monde machiavélique de la politique sénégalaise au lieu de « *s'attaquer aux problèmes urgents* » que sont « *le prix élevé des denrées de première nécessité, les coupures électriques fréquentes ou la périlleuse émigration des jeunes vers l'Espagne* » semblait davantage occuper nos responsables[35].

Ainsi, où que nous regardons et malgré le chemin parcouru, beaucoup restent à faire.

Qu'a donc fait l'État ?

A-t-il trahi le peuple ?

Nos concitoyens ne méritent-ils pas ce qu'il y a de mieux ?

Pourquoi faut-il toujours attendre que les gens descendent dans la rue, que les choses s'enveniment pour agir et toujours promettre ?

Autant de questions qui doivent nous interpeller et nous conforter dans l'idée que les mots seuls ne peuvent répondre aux besoins de nos peuples. Ces besoins ne seront satisfaits que si nous associons les paroles aux actes, que si nous agissons avec audace et si nous comprenons que si nous ne surmontons pas les défis auxquels nous faisons face, nous en serons tous affectés. Aucune stratégie de développement ne peut se poursuivre quand des jeunes gens sont au chômage,

---

[34] Ibid.
[35] Révélations de télégrammes de la diplomatie américaine par WikiLeaks

quand l'éducation et l'innovation font défaut, quand la santé est hypothéquée, quand la confiance en l'état de droit et en une administration de la justice égale pour tous est mise à mal, quand un gouvernement manque de transparence. Car, les gouvernements qui protègent ces droits sont finalement plus stables, plus sûrs et réussissent mieux[36] dans la voie de la reprise économique, de la cohésion sociale, de la protection de nos concitoyens les plus fragiles, en un mot, de la cohérence.

Oui, pour reprendre les propos de Pierre M. France, *« le salut exige que le régime républicain soit fondé sur des relations étroites qui seules permettent la franchise réciproque la plus complète. Celle du gouvernement qui explique sa politique jour après jour, qui ne biaise pas, qui ne dissimule pas et qui n'hésite pas à faire fond sur le bon sens, le courage et la foi du pays. Celle du parlement qui exprime fidèlement la volonté populaire et la fait respecter et celle du pays tout entier qui doit choisir son destin en pleine connaissance de cause pour l'accomplir d'une volonté affermie. »*

Il est temps d'améliorer en profondeur l'organisation de l'État pour une administration mieux organisée, pragmatique, plus proche des Sénégalais, non seulement pour un souci de finances publiques, mais aussi pour une plus grande efficacité dans la mise en œuvre des différentes orientations politiques.

- ✓ Pourquoi ne pas envisager de faire des choix entre les dépenses publiques en laissant progresser, bien évidemment, celles qui sont prioritaires (santé, éducation, emploi…) et en restreignant d'autres ? (avantages liés à certaines responsabilités : voitures de fonction, et autres prises en charge…, salaire, nombre des ministres, de députés, bref le train de vie de l'État).

---

[36] Adapté du discours d'Obama du 4 juin 2009 au Caire.

- ✓ Ne serait-il pas opportun d'imaginer, pour certaines professions, d'autres modes de rémunération (introduction d'une part substantielle réellement liée à la performance ou pénalité financière en cas d'objectifs non atteints…) et d'autres formes de contrôle dans la réalisation des objectifs étatiques ?
- ✓ Ne serait-il pas judicieux de restructurer et de rationaliser les services de l'État pour une plus grande efficacité dans la mise en œuvre des politiques de consolidation budgétaire et de redressement des comptes publics ?

Il appartiendra dans cette optique,

- ✓ de permettre aux organismes de contrôle de l'État de jouer pleinement leur véritable rôle avec la possibilité pour certaines de saisir la justice en cas de manquements constatés,
- ✓ d'instituer un Bureau national des audits pour accompagner et contrôler les investissements et les programmes publics avec une composition et des moyens à définir pour lui garantir une vraie indépendance politique et financière.

Gouverner, c'est prévoir et faire des choix aussi difficiles soient-ils. C'est parler au nom des principes, agir au profit de l'intérêt général et du bien commun.

Il est donc temps que cesse le laxisme pour laisser place à la rigueur du travail bien fait, du devoir accompli.

Il est temps que l'État reconquière et préserve sa fonction d'architecte social, redonne espoir aux populations, reconstruise une économie morale susceptible de promouvoir des axes solides de développement et une vraie « *république laïque, démocratique et sociale [...]* [37] ».

---

[37] Article 1 de la constitution de la République du Sénégal - 2001.

Il est temps que L'État agisse de manière vraie et juste, car le Sénégal et les Sénégalais peuvent supporter la vérité et l'effort.

Il est temps de faire autrement la politique, car il en va de l'avenir de tout un pays et de tant de générations.

IV — Une nouvelle praxéologie politique

« *Allez dire aux hommes politiques qu'ils enlèvent nos noms dans leur business, on a tout compris. Ils nous utilisent comme des chameaux, dans des conditions qu'on déplore. Ils nous mènent souvent en bateau, vers des destinations qu'on ignore. Ils allument le feu, ils l'activent, et après, ils viennent jouer aux pompiers. On a tout compris [...] Allez dire aux marchands d'illusions que nos consciences ne sont pas à vendre [...]* [38] ».

Ces propos de Tiken Jah Fakoli, quand bien même provocateurs, mais révélateurs, traduisent la méfiance et même l'aversion exprimée et profondément ancrée à l'égard des hommes politiques voire l'engagement politique.

Mais, il ne s'agit pas seulement de demander aux hommes politiques d'enlever « *nos noms dans leur business* », mais de les gérer autrement. Il ne s'agit pas non plus de leur dire que nos « *consciences ne sont pas à vendre* », mais de ne plus succomber à leurs jeux puérils et dégradants, de ne plus être leur faire-valoir et d'exiger plus de considération de la part de ceux qui, sans nous, ne seraient rien et qui, par ailleurs, feraient mieux de s'occuper davantage des problèmes pour lesquels ils ont été élus au lieu de penser maladivement à leur réélection.

Il s'agit encore moins de dénoncer à hue et à dia, mais d'être des acteurs résolument contre cette façon indigne de faire de

---

[38] Tiken Jah Fakoly « *France Afrique; on a tout compris (Mangercratie)* », *2002.*

la politique où lâcheté, opportunisme, hypocrisie, mensonge, langue de bois sont poussés à leur paroxysme.

Soyons clairs, ces faits ne sont certes pas l'apanage de tous les politiques, fort heureusement ! Mais, « *la facilité avec laquelle certains responsables politiques renient leurs convictions, « circulent » entre l'opposition et le pouvoir ou glorifient leurs adversaires d'hier, montre le mépris de « ces gens-là » pour les populations qu'ils considèrent comme une « multitude enfantine […] On est frappé par l'insensibilité du personnel politique aux questions sociales et par l'absence de plus en plus flagrante de la notion de « développement » dans les discours politiques. C'est pourquoi le débat politique tend à se limiter à l'invective, aux injures et aux menaces, ce qui n'est pas sans rapport avec l'impuissance idéologique* […][39] ».

Est-ce donc cela la politique ?

Est-ce le genre de « responsables » que nous voulons ?

Comment redonner un nouveau souffle à l'action politique pour l'exercer de manière différente ?

Comment redonner confiance en la politique ?

S'il est clair que la politique affecte chaque aspect de notre vie, nous avons beaucoup à perdre si nous ne choisissons pas les bonnes personnes pour diriger le Sénégal. Des patriotes convaincus, capables de hauteur, soucieux de chaque Sénégalais, soucieux de défendre de toutes leurs forces l'intérêt général, qui auront la vérité pour ceinture et qui revêtiront la cuirasse de la justice.

Aussi, la politique ne doit plus être « *l'art de se servir des hommes en leur faisant croire qu'on les sert* ». Elle ne peut plus se permettre « *de promettre des lendemains qui chantent et repousser toujours la résolution des problèmes du quotidien* », de se limiter à la communication politique, à l'invective, à la surenchère verbale.

---

[39] Momar Coumba Diop, *op. cit.*

La politique, c'est essayer d'améliorer la vie des gens, c'est servir.

La politique, c'est le moyen de rendre à votre pays ce qu'il vous a apporté, ce sont des idées et des rêves à faire valoir, mais c'est aussi et surtout des valeurs auxquelles il faut adhérer, celles du devoir, de l'exemplarité, de l'éthique dans les modes de fonctionnement et dans l'exercice des responsabilités pour restaurer l'indispensable confiance entre gouvernants, gouvernés et préserver ce pays du mysticisme et de la tyrannie[40] dans laquelle veulent nous enfermer des esprits soi-disant éclairés.

Pour y parvenir, plusieurs possibilités peuvent être envisagées :

- ✓ Interdiction du cumul des mandats et limitation de ces derniers pour déverrouiller l'accès de certains postes à de nouveaux talents, opérer un renouvellement démocratique et apporter un nouveau souffle à la démocratie.

- ✓ Abandon de toute fonction élective après une fonction nominative.

- ✓ Institution d'une Haute Autorité pour la transparence de la vie publique en appui aux lois contre l'enrichissement illicite qu'il convient d'ailleurs de réactiver. Elle sera chargée de vérifier, entre autres, l'évolution des patrimoines aussi bien des élus, des ministres, des membres des cabinets ministériels que des directeurs des entreprises publiques qui seront tenus, comme c'est le cas ailleurs, de faire une déclaration d'intérêt dès leur entrée en fonction, déclaration qui serait rendue publique, pour une garantie de transparence à l'égard des citoyens.

---

[40] J'entends par là tout pouvoir injuste ne respectant pas les lois.

Toute évolution injustifiée de ce patrimoine fera l'objet de sanctions qu'il conviendra de définir.

- ✓ Réfléchir objectivement sur l'utilité de l'immunité dont bénéficient certaines personnalités et le statut pénal du chef de l'État.
- ✓ Renforcer le rôle du parlement en le dotant d'organes techniques qui peuvent l'appuyer dans sa mission de contrôle de l'exécutif.
- ✓ Durcir les peines d'inégibilité, d'interdiction de gestion en plus de celles déjà existantes et lutter contre toutes formes de conflit d'intérêts.
- ✓ Reconsidérer le salaire du Président de la République et définir son régime futur, c'est-à-dire son statut une fois son mandat terminé.
- ✓ Soumettre le budget de la présidence au contrôle de la Cour des comptes et rendre plus visibles les travaux et les rapports de cette dernière.
- ✓ Séjourner, lors des visites officielles du Président et des ministres, dans les ambassades ou les représentations diplomatiques du Sénégal à l'étranger par souci d'économie.
- ✓ Favoriser la traçabilité dans l'élaboration des lois pour déjouer ainsi les velléités lobbyistes de certaines organisations.

Il est à mentionner, néanmoins, que toutes ces possibilités doivent aller de pair avec une nouvelle forme de citoyenneté. Car, si nous exigeons de nos hommes politiques une certaine exemplarité, ne devrions-nous pas, nous aussi, nous remettre en question ?

V — Le culte de la citoyenneté

> « Ce sont les démocrates qui font les démocraties,
> c'est le citoyen qui fait la république »
> Georges Bernanos 1888 — 1948

À l'heure où manifester, exiger et faire pression sur les pouvoirs en place pour obtenir plus de transparence, plus d'égalité, plus d'équité, plus de justice, de meilleures conditions de vie est constant, la maxime de John Fitzgerald Kennedy est on ne peut plus d'actualité, et y réfléchir sereinement ne serait pas un vain exercice. « *Ne demande pas ce que ton pays peut faire pour toi, demande ce que tu peux faire pour ton pays* [41] ».

Vu le contexte actuel du Sénégal, ces propos peuvent sembler injustifiés et même incompris, mais passée l'émotion et loin de nous l'idée d'apparaître comme un donneur de leçons, nous devons admettre et concevoir qu'il ne peut exister de droits sans la contrepartie de devoirs. Or, nous arrive-t-il de penser souvent à ces devoirs ?

Nous arrive-t-il de penser que nous pourrions, par nos responsabilités individuelles, être pour quelque chose dans la situation que connaît notre pays, aussi anodines que soient nos actions ?

Nous arrive-t-il de nous demander, de temps en temps, ce que nous pourrions faire pour le Sénégal ?

Chacun d'entre nous a pourtant entre ses mains une partie, aussi minime soit-elle, de l'avenir de ce pays. Par conséquent, nous ne pouvons et nous ne devons renoncer à être citoyens. Bien sûr, pas celui qui se laisse manipuler par je ne sais quel « illuminé », pas celui qui vend sa « voix » au

---

[41] Extrait du discours d'investiture de John Fitzgerald Kennedy du 20 janvier 1961.

plus offrant, ni celui qui vit des deniers de l'État sans pour autant le mériter, car, pense-t-il, « *voler l'État, c'est ne voler personne* », voir celui pour qui s'enrichir rapidement et par tous les moyens est la seule voie qui compte, encore moins celui pour qui les formes élémentaires de la corruption et les stratégies corruptrices sont poussées à leur paroxysme et au perfectionnisme[42]. Mais ce citoyen qui participe activement à la vie de la cité et qui s'acquitte de toutes ses obligations envers la société.

En effet, « *la démocratie vraie, c'est l'association intime, c'est la fusion de l'État et du citoyen. Aujourd'hui, le citoyen et l'État sont devenus étrangers l'un à l'autre. Le citoyen se détourne de l'État et l'État se méfie du citoyen [...] La meilleure preuve, le symbole le plus visible, c'est le grand nombre des abstentions. Dans une démocratie, les citoyens ont le devoir de contribuer au fonctionnement de la collectivité. Ils doivent participer à ses dépenses, c'est l'impôt, ils doivent participer à l'administration générale, à la formation des décisions politiques essentielles, c'est le devoir électoral. C'est une faute grave pour un citoyen de ne pas remplir son rôle, de ne pas remplir son obligation sociale [...] Les citoyens doivent s'intéresser activement à la vie publique. La vie politique sera en dernier analyse, dans notre régime démocratique ce que vous la ferez. Si les choses vont mal modifiez-les, vous le pouvez. Tout citoyen, s'il veut être digne de ce nom doit exercer son influence sur les hommes qui le représente, non pas tant pour les petites affaires qui le concerne personnellement, mais pour les grandes affaires, celles qui intéressent le pays tout entier et qui finalement commande le bonheur ou la ruine de tous [...] Vous ne devez rester ni neutre, ni étranger, ni indifférent, car il s'agit finalement du bonheur et du malheur de tous*[43] *[...]*»

---

[42] Blundo & De Sardan, « La corruption quotidienne en Afrique de l'Ouest » in *Politique Africaine* N°83 octobre 2001, p 8- 37.
[43] Pierre Mendes France, extrait du Discours d'Evreux, 23 juillet 1955.

Il nous faut donc envisager et accepter de nous questionner sur nos habitudes, toutes nos habitudes, de les faire évoluer, de les adapter aux impératifs actuels pour mieux et davantage contribuer à la construction du Sénégal, voir en nos incivilités de tous genres et en certaines de nos pratiques, des freins supplémentaires au développement. Car, comme le mentionnait Alain Barrère, « *le développement doit être saisi dans son intégralité, car, dépassant les phénomènes économiques de croissance, il englobe aussi les éléments d'ordre psychologique, moral, social, culturel, politique, religieux qui concourent à la valorisation des personnes et des sociétés*[44] ».

Dans ce sens, et sans vouloir remettre en cause des acquis sociaux ou des droits fondamentaux, ni verser dans la stigmatisation, ne serait-il pas opportun de nous interroger, entre autres, sur les grèves à répétition, les « fêtes » et jours fériés pléthoriques ?

Mieux encore, est-il normal de rester plusieurs jours en grève et percevoir son salaire en entier à la fin du mois ?

Ces grèves à répétition dont les motifs, sans doute justifiés, et qui pourraient, du reste, être évitées en amont par le dialogue, ainsi que ces fêtes multiples ne pourraient-elles pas avoir des incidences, qui sur la situation économique du pays, qui sur la situation de l'enseignement ?

- ✓ Pourquoi, pour faire allusion à notre exemple ci-dessus, ne pas réfléchir sur la possibilité d'allonger l'année scolaire ou d'homogénéiser certaines fêtes ?

Comment concilier respect des droits fondamentaux et pratiques d'une citoyenneté constructive ?

Autant d'évolutions possibles qu'il ne faut pas s'interdire, mais qu'il faut bien penser pour jeter les bases d'un nouveau contrat social fédérateur et pérenne.

---

[44] Alain Barrère, *L'enjeu des changements : exigences actuelles d'une éthique économique et sociale*, Editions Erès, 1991, 325 p.

VI — Un nouveau contrat social

> « On ne change pas en profondeur un pays de façon démocratique si le peuple est aux abonnés absents [45] ».

Il ne peut y avoir adhésion à une politique quelle qu'elle soit si les aspirations, les attentes, les besoins des personnes pour lesquelles ces politiques sont destinés ne sont pas pris en compte.

Face aux inquiétudes de nos concitoyens et aux nombreuses dérives auxquelles nous ont habitués nos hommes politiques, nos gouvernants, il est urgent de redéfinir aujourd'hui les termes de ce nouveau contrat.

Cette redéfinition se fera, d'une part, en se référant, bien entendu, à la notion même de contrat social selon laquelle les Hommes abandonnent l'indépendance dont ils jouissent dans l'état de nature au profit de la collectivité, en échange d'une protection et de droits individuels garantis par une autorité souveraine. D'autre part, en rappelant à nos mémoires la Déclaration universelle des droits de l'homme dont nous ne pouvons nous empêcher de citer, entre autres, le contenu des articles 1, 3, 7 et 25.

« *Tous les êtres humains naissent libres et égaux en dignité et en droits. Ils doivent agir les uns envers les autres dans un esprit de fraternité.*
Tout individu a droit à la vie, à la liberté et à la sûreté de sa personne.
Tous sont égaux devant la loi et ont droit sans distinction à une égale protection de la loi...
Toute personne a droit à un niveau de vie suffisant pour assurer sa santé, son bien-être et ceux de sa famille, notamment pour l'alimentation, l'habillement, le logement, les soins médicaux ».

---

[45] Jean-Luc Mélenchon, *op. cit.* p. 25.

La convergence de ces impératifs est le seul gage à même de construire une nouvelle dynamique républicaine pour redonner du sens à notre vouloir-vivre en commun, au triptyque Un peuple, Un but, Une foi et renforcer le lien entre l'Individu et l'État.

Nous ne pouvons plus nous permettre de perdre du temps, de sacrifier notre avenir et nos concitoyens, sur l'autel de la « Politique politicienne », des promesses faites, mais jamais tenues, du propagandisme inutile qui nous enferme dans des débats superficiels, inconséquents et nous éloigne des vrais problèmes.

- ✓ Nous devons avoir pour ambition de replacer le citoyen au cœur des préoccupations politiques et réprimer avec la plus grande fermeté les pratiques contraires à l'intérêt national et/ou général, à la bonne gouvernance, à la justice.

- ✓ Nous devons avoir pour défis de faire progresser la qualité de la relation sociale, de rebâtir un socle social, de redonner du sens à cette république en laquelle nos concitoyens perdent confiance, de réinventer les modalités du débat démocratique où les positions mises en avant ne seraient plus tranchées et les moyens envisagés extrémistes, de remédier à la dérive présidentialiste en remettant le parlement au cœur du régime pour qu'émerge un État républicain.

Car, pour reprendre les propos de Jean-Louis Debré « *L'État républicain doit se saisir de tous les problèmes de la cité et être réellement l'expression du peuple. C'est défendre en un mot les aspirations et les ambitions du peuple. Lorsque tous ces piliers sont suivis, il appartient enfin au peuple de l'aider et de le soutenir à franchir le cap, car être républicain, c'est aussi résister aux tentations corporatistes, individualistes et communautaristes de notre société. Ce n'est pas s'accrocher à des comportements induits par des intérêts personnels, mais au contraire, approfondir des principes porteurs d'un projet politique moderne. C'est enfin agir avec la conscience que la république n'est totalement elle-même que lorsque son peuple se sent acteur de son propre développement et prêt à assumer son destin*[46] ».

C'est dans la conjugaison de ces responsabilités, de ces droits et de ces devoirs partagés que nous pourrons marcher vers le chemin d'une vraie réconciliation et mener sereinement le Sénégal vers un futur prometteur.

Mais ce contrat social n'aura le nom de contrat que dans la mesure où il sera ancré dans une justice réelle, une école nationale, démocratique et un projet social concret.

1 — Réhabiliter la justice

Les faits divers, les scandales de tous genres qui ont marqué le Sénégal ces dernières années [47] : corruption, mal gouvernance, malversations financières, conflits d'intérêts, la liste est longue, montrent les défis auxquels est confrontée la Justice.

Aussi, comment favoriser l'émergence d'une justice crédible, efficace, impartiale et favorable au développement économique ?

Comment « *rendre la justice dans la dignité, la sérénité et la solennité* [48] » ?

Si nous ne pouvons contester à notre personnel judiciaire l'ambition de rendre une justice juste, nous pouvons néanmoins nous questionner sur la volonté des autorités à faire du Sénégal, un véritable État de droit par l'édification et l'instauration d'une justice réellement indépendante à même d'élever notre nation.

---

[46] Jean Louis Debré, Président du Conseil constitutionnel français in *Le Monde*, 9 juin 2004

[47] Lire à ce sujet l'article de Bachir Fofana du Populaire du jeudi 13 janvier 2011.

[48] Abdoulaye Ba, Président de l'Union des magistrats du Sénégal (UMS).

Il n'est pas besoin de rappeler ici le rôle important de la justice dans la construction, la sérénité et la stabilité d'un pays, mais force est de réaffirmer qu'elle n'est pas qu'une notion abstraite, mais un besoin qui ne peut pas attendre demain.

- ✓ L'État doit donc entreprendre des réformes constitutionnelles en profondeur :
- D'abord, pour faciliter la saisine des instances judiciaires par les justiciables et instituer des procédures d'autosaisine.
- Ensuite, pour rendre plus automne le CSM par la réduction des pouvoirs du ministre de tutelle qui est le gestionnaire principal de tous les secteurs du système judiciaire et par une revalorisation du rôle de juge d'instruction.
- Enfin, pour garantir l'accès de tous à la justice par la dotation des moyens humains et matériels nécessaires et garantir des procès équitables[49].

Ne nous trompons pas de combat, renoncer à l'exigence de justice, à travers ses facettes multiples, c'est trahir nos ambitions, c'est étouffer la flamme de l'espérance et sombrer dans les méandres de « l'obscurantisme ». Et, pour paraphraser une fois de plus Obama, sans espoir et sans vertu, comment pouvons-nous braver les courants de glace et endurer les orages à venir [50] ?

« *La justice élève une nation, mais le péché est l'ignominie des peuples* [51] ».

---

[49] Lire l'étude d'AFRIMAP et de L'Open Society Initiative for West Africa sur : *Sénégal ; Le secteur de la justice et l'État de droit*, novembre 2008.
[50] Extrait du discours d'investiture d'Obama du 20 janvier 2009.
[51] Proverbes 14:34, La Sainte Bible, Nouvelle Version Segond Révisée, Alliance biblique universelle, 1999.

« *L'œuvre de la justice sera la paix, et l'ouvrage de la justice la sécurité, la confiance pour toujours* [52] ».

2 — Repenser L'école

« L'éducation est un progrès social. L'éducation est non pas une préparation à la vie, l'éducation est la vie même ».
John Dewey 1859 -1952

Comment promouvoir une école de développement et sociale ? Comment faire de l'école le garant d'une société plus démocratique, plus juste ? Comment promouvoir des citoyens dotés de sens critique, d'une *conscience éveillée* à l'égard des conditionnements sociaux ou communautaires ?
Tels nous semblent être, entre autres, les fondements sur lesquels doit reposer notre école.
Si, conformément à la loi d'orientation 91-22 du 16 février 1991, l'Éducation nationale tend à préparer les conditions d'un développement intégral, promouvoir les valeurs dans lesquelles la nation se reconnaîtra, élever le niveau culturel de la population, les stratégies pour réaliser ces objectifs peuvent être débattues.
En effet, en dépit des multiples efforts consentis ces dernières années, notre système d'enseignement est à la traîne[53].
Devant les difficultés croissantes auxquelles sont confrontés parents d'élèves, enseignants et élèves, il est urgent de réfléchir sur ce qu'il faut changer, et changer impérativement ce qui doit l'être parce que l'éducation est un investissement, une dépense d'aujourd'hui devant produire davantage de richesse et de bien-être demain.

---

[52] Isaïe 32:17, Sainte Bible, Nouvelle Version Segond Révisée, Alliance biblique universelle, 1999.
[53] Daffé & Diagne, *Le Sénégal face aux défis de la pauvreté : Les oubliés de la croissance*, Paris, Editions Karthala, CRES, KARTHALA, CREPOS, 2009, p.165 - 177.

Si l'idée selon laquelle l'éducation ne jouerait pas le même rôle dans tel ou tel pays du fait de leurs distances respectives par rapport à la frontière technologique[54] est admise par plusieurs auteurs, son influence dans la croissance économique semble être une vérité partagée. Aussi, pour avoir une école à la hauteur de nos ambitions, il nous faut concilier :

- ✓ Le droit à l'éducation pour tous et la logique d'excellence pour tous en améliorant les conditions d'enseignement et l'accompagnement formatif des enseignants.

- ✓ Privatisation (mal nécessaire) et offre d'enseignement public adéquat pour, d'une part, stimuler l'enseignement, d'autre part, lutter contre les inégalités et offrir d'autres alternatives face à la multiplication tous azimuts des établissements privés. Dans cet ordre d'idées, équilibrer l'offre éducative, notamment supérieure, sur tout le territoire par une répartition ou un maillage universitaire à l'échelle du pays, leur regroupement en pôles d'excellence, pourraient contribuer à désengorger les centres universitaires traditionnels, amoindrir l'exode rural et favoriser l'émergence d'initiatives, d'activités ou de pôles économiques. Il ne s'agit pas, soyons clairs, d'avoir une pléthore d'universités sans moyens et incapables de jouer pleinement leur rôle (préparer à un métier, produire du savoir, le conserver, le valoriser et le transmettre). Il s'agit de placer l'enseignement supérieur au cœur de notre politique de développement. La réhabilitation de la recherche doit, dans ce sens, apparaitre comme une nouvelle priorité au regard de son « *influence directe sur la*

---

[54] Lire pour plus d'informations Philippe Aghion et Élie Cohen, *Éducation et croissance*, Rapport du Conseil d'analyse économique N° 46, La Documentation française, 2004, 144p.

productivité nationale qui, dans une large mesure, détermine le niveau de vie et l'aptitude d'un pays à être compétitif et à participer pleinement au processus de mondialisation [...][55] ».

- ✓ Qualification et emploi. Se pose ici le problème de l'adéquation formation / emploi ou du passage étude / emploi et de la régulation du secteur de la formation professionnelle. En dehors de toutes les considérations que ces problèmes peuvent impliquer, des politiques ambitieuses pour l'emploi doivent être menées.

- ✓ Enseignement information /apprentissage et formation tout au long de la vie. Ce qui impliquerait de développer les outils permettant de mettre en place des pédagogies différenciées, de supprimer tous les critères d'âge, etc. À terme, cela signifierait que l'école devienne « *la maison de tous les apprentissages* » et qu'elle s'ouvre largement sur des formations diversifiées accueillant des publics variés pour contribuer davantage à ce que l'on appelle en termes économiques, l'accumulation d'un capital humain général. La création d'un DIF ou d'un « *compte formation* » accessible tout au long de la vie, qui serait pris en charge aussi bien par le salarié que par l'employeur et l'État pourrait aller dans ce sens[56].

Il faut aussi :

- ✓ Rendre l'école obligatoire, réellement obligatoire (jusqu'à 15 ans par exemple), en imaginant un système d'accompagnement sous forme d'allocations

---

[55] Professeur Oumar SOCK (ESP, UCAD) citant la Banque Mondiale dans : *Politique d'enseignement supérieur et de Recherche scientifique au Sénégal : situation actuelle et perspectives*, 2004 p 1 - 11
[56] Adapté de, D*es idées pour la croissance*, Economica, 2003 p35

de rentrée scolaire par exemple, en fonction de critères qu'il conviendra de préciser et, bien entendu, des sanctions en cas de non-respect de cette obligation (suspension de cette allocation, engager la responsabilisé pénale des parents…)

- ✓ Renforcer la gestion administrative des établissements par l'institution de vrais conseils d'administration, la multiplication des espaces de dialogue entre enseignants et parents par une participation plus soutenue de ces derniers aux instances des établissements scolaires pour que, sans intrusion dans le métier des enseignants, ils soient véritablement partie prenante du projet d'établissement.

- ✓ Encadrer strictement les « partenariats » scolaires pour que les bénéfices en reviennent davantage à l'école et aux élèves (cadre juridique pour les partenariats scolaires définissant les responsabilités des principaux acteurs, de l'école).

- ✓ Amplifier, par une décentralisation plus soutenue et mieux réfléchie, le rôle des collectivités locales dans la gestion des établissements avec une « logique de l'État garant et facilitateur ». « *Il ne s'agit pas, pour l'État, de développer les contrôles bureaucratiques, mais, simultanément, d'imposer un cahier des charges précis donnant les exigences de la Nation à l'égard de son École* [57] », sans oublier les procédures de contrôle et de vérification de ces objectifs par un classement, une notation et/ou une publication annuels des résultats des collectivités en matière d'efforts éducatifs sanctionnés par une revalorisation des

---

[57] Adapté de Philippe Meirieu, *Dix renversements nécessaires pour construire une École démocratique,*
http://www.meirieu.com/MANIFESTESETPROPOSITIONS/dixrenversements.htm

ressources financières mises à leur disposition par l'État.

- ✓ Réfléchir, nous l'avons dit, sur le prolongement de l'année scolaire pour respecter la durée des enseignements, sans bien entendu, toucher au principe « national » des examens. Pourquoi ne pas s'orienter vers un raccourcissement des grandes vacances scolaires ?
- ✓ Exercer davantage de régulation dans l'orientation des élèves, des étudiants — sans laisser personne en chemin — pour, d'une part, équilibrer les effectifs, les filières et d'autre part, minimiser les risques d'échec par la fourniture d'information adéquate sur la situation du marché du travail, les débouchés potentiels…
- ✓ Réorganiser le fonctionnement des établissements ou écoles coraniques plus connues sous le nom de « daïra » en accordant par exemple des licences d'enseignement en fonction des conditions d'accueil, en plafonnant les effectifs, en réfléchissant sur des programmes pédagogiques qui incluraient l'enseignement du français et des langues nationales.
- ✓ Exprimer explicitement une politique linguistique visant notamment à utiliser ces langues nationales comme véhicules d'enseignement tout au long du cycle scolaire.

3 — Renforcer la fourniture d'aides et de protections sociales

Aujourd'hui, malgré les débats persistants entre pro croissance et croissance pro pauvres, les liens étroits entre pauvreté, inégalité et croissance sont unanimement reconnus.

En effet, si « *la croissance — indicateur essentiellement quantitatif — constitue le principal facteur du développement, ce dernier suppose qu'un pays enregistre des progrès au-delà de la seule activité économique, à savoir dans de nombreux autres domaines comme la démographie, la santé, l'éducation, les conditions sociales* »[58]. Cela signifierait qu' « *une réduction rapide et durable de la pauvreté passe par une croissance pro pauvre [...] un rythme et un scénario de croissance qui donnent aux pauvres, hommes et femmes, plus de moyens de contribuer à la croissance et d'en recueillir les fruits* [59] ».

S'il est donc admis que la croissance est à l'origine du développement économique et social, mais que celui-ci favorise à son tour la croissance, il nous faut imaginer les voies et moyens permettant à nos populations de bénéficier de vrais acquis sociaux qui ne sont pas seulement une nécessité sociale au regard de l'état de la pauvreté dans le pays, mais une véritable orientation pour une croissance réelle, durable et pas seulement « chiffrée ». Étant donné que *«l'injustice sociale freine et pervertit le développement* [60]», ne serait-il opportun de :

- ✓ Augmenter le budget de la santé, actuellement de 5.46%[61] du budget national, ce qui est loin des recommandations de l'OMS (10 à 15%) étant donné son importance dans le développement économique.

- ✓ Mener une concertation nationale pour opérer une redéfinition et une clarification des missions de

---

[58] Problèmes économiques N° 3006 de novembre 2010, p 19 - 42.
[59] Lire l'article d'Ebba Dohlman et Mikael Soderback : *Croissance économique ou réduction de la pauvreté : un débat stérile* ? www.observateurocde.org
[60] Ségolène Royal, *Obama, Lula, forum social, dix leçons convergentes*, Paris, jean Jaurès Fondation, 2009, p 22.
[61] http://www.editoweb.eu/Sante-Le-Senegal-reste-loin-des-normes-de-l-Oms_a12388.html

« l'hôpital » autour des valeurs relatives à l'accès aux soins, la qualité des soins, l'équité, l'efficience et le besoin de reconnaissance des personnels de santé. Dès lors, comment améliorer et rendre accessible l'offre de santé ? Comment *« soigner le mieux possible tout le monde, à tout moment et au meilleur coût »*?

Il conviendra, pour répondre à ces questions de *« moderniser et de décloisonner »* les structures sanitaires par la mise en place, par exemple, de centres locaux d'hospitalisation primaires (CLHP), de centres régionaux d'hospitalisation secondaire (CRGH) avec des moyens renforcés pour une prise en charge optimale des malades et l'amélioration de l'offre de soins.

La multiplication des caravanes sanitaires, une gestion plus pragmatique du personnel de santé, une collaboration plus étroite entre médecine classique et médecine traditionnelle à l'image du centre Malango de Fatick pourraient constituer des réponses additionnelles à ces questions.

- ✓ Inclure dans notre système de sécurité sociale la couverture maladie pour tous (universelle) pour lutter contre les inégalités d'accès aux soins de santé et l'assurance chômage — ou indemnités de chômage — pour faire face aux aléas de la vie.

- ✓ Instituer un salaire minimum horaire et un salaire minimum interprofessionnel de croissance (SMIC) pour accorder un « minimum vital » à tout salarié et par ricochet augmenter le pouvoir d'achat.

- ✓ Faciliter l'accès aux denrées de première nécessité, d'abord par la réduction progressive des importations de certains produits dont les prix sont souvent soumis aux fluctuations du marché international, ce qui aura du reste une incidence sur la production nationale et la balance extérieure, ensuite par une politique de promotion de la production locale (communication, subvention…) et enfin en favorisant le maintien d'activités économiques locales.

✓ Promouvoir une gestion plus rigoureuse des fonds d'aide existants, voir la création d'un « grand » fonds de solidarité nationale pour soutenir les plus démunis grâce à des bourses trimestrielles d'assistance, fonds qui pourrait être alimenté en partie par des dons, par l'État et par un prélèvement d'une journée de salaire des fonctionnaires à l'occasion de ce qu'on pourrait appeler une journée de solidarité nationale.

En définitive, une réduction conséquente de la pauvreté ne peut être envisagée sans prendre à bras le corps la question des inégalités, car *« toute réduction massive et durable de la pauvreté est étroitement tributaire d'une diminution des inégalités* […] »[62]

---

[62] Problèmes économiques N° 3002, p 8.

Chapitre 2

POUR PROMOUVOIR UNE CROISSANCE DURABLE

> « Les politiques et les économistes qui promettent que la libéralisation du commerce va améliorer le sort de tous sont des imposteurs »
> Joseph Stieglitz, *Un autre monde, 2006*

Le Sénégal est depuis longtemps en quête d'une croissance durable (Diagne, Daffé 2002). Avec, *« des taux de croissance historiquement faibles et instables »* (Gaye, Daffé 2005) la croissance connait en effet des fortunes diverses. Ainsi, le taux de croissance s'est établi à 2,2% en 2009, après 3,2% en 2008 et 4,9% en 2007[63]. Assurément, le Sénégal a été fortement affecté par la crise financière internationale à laquelle sont venus s'ajouter plusieurs chocs intérieurs : la baisse de l'investissement privé, le recul du tourisme, la réduction des transferts de fonds des émigrés. Autant de phénomènes qui ont eu pour conséquences le ralentissement de l'activité économique et une quasi-stagnation des recettes fiscales[64]. Aussi, d'après certains économistes, cette croissance n'a été que de 4,2% en 2010, 4,5% en 2011[65] et de 5% en 2012, loin, très loin donc des objectifs de 7 à 8% assignés par la SCA afin de réduire la pauvreté de moitié à l'horizon 2015. Ce qui pousse certains analystes à s'interroger sur l'efficacité et les options défendues par cettedite stratégie de croissance (F.J.Cabral, 2005, R. Beaujeu, P.Dieye, J.F. Sempere, P.Huyghebaert, 2009 ; S. Mesple-Somps, A .S. Robilliard, 2010).

---

[63] ANSD, Situation économique et sociale du Sénégal, 2009, p 244.
[64] Adapté de http://www.africaneconomicoutlook.org/fr/countries/west-africa/senegal/
[65] Ibid

Au regard de ce qui précède, il apparaît clairement que les défis qui nous attendent sont clairs, mais les questions demeurent. Et, si nous ne pouvons nous entendre sur ces questions, nous ne pourrons pas non plus nous mettre d'accord sur ce qu'il faut faire pour sortir de cette situation.

Au-delà de la question de savoir si nous sommes réellement sur la bonne voie, il nous faut sortir de nos fausses certitudes et nous interroger sur nos stratégies visant à créer une économie susceptible de réaliser nos aspirations.

Par conséquent, comment « *fonder un nouveau système économique capable de créer des emplois qui ont un sens, d'assurer un travail décent à tous ceux qui veulent travailler, et où la fracture entre les nantis et les autres se réduira au lieu de s'élargir [...] une société nouvelle où chacun aura les moyens de réaliser ses aspirations et de vivre au niveau de ses potentialités, où il y aura des citoyens capables d'être à la hauteur d'idéaux ou de valeurs partagées [...]*[66] » ?

Faut-il nous concentrer davantage sur la réduction des déficits ou sur l'investissement et la satisfaction des besoins fondamentaux ?

Il ne s'agit pas de ressusciter ici de vieilles querelles économiques, idéologiques[67], ni de revenir sur certains fondamentaux, encore moins de « *choisir entre un avenir où nous serions emportés dans une spirale de dette et un où nous devrions abandonner les investissements nécessaires à notre peuple et notre pays* [68] ».

Il s'agit de faire preuve d'imagination, de s'armer de bon sens et d'aller au bout de la vérité, mais aussi de l'effort pour promouvoir une croissance à même de supporter nos ambitions, garantir un redressement économique et social solide.

---

[66] Joseph E. Stiglitz, *Le triomphe de la cupidité,* Babel p 516.
[67] Lire en particulier, « les économistes face à la crise », in *Problèmes économiques*, N° spécial 2970, avril 2009.
[68] Barack Obama, www.lefigaro.fr/conjoncture/2011/04/13

Il s'agit de nous débarrasser des ces œillères idéologiques et nous concentrer sur le rôle que l'État doit jouer dans le renouveau du Sénégal.

Si la croissance apparait donc « [...] *comme l'augmentation continue de la quantité de biens et services produits par habitant d'un espace donné* [et que[69]], cette *augmentation continue doit permettre une hausse des revenus disponibles, mais aussi une qualité de vie croissante[70]* », peut-elle être possible sans prendre en considération, en plus des réformes énumérées précédemment, la gestion rigoureuse des ressources nationales, la lutte méthodique contre le chômage, bref, créer les conditions adéquates pour une création de ces richesses ?

I — La bonne gouvernance

> « L'art de gouverner ne consiste pas à rendre souhaitable ce qui est possible. Il consiste à rendre possible tout ce qui est souhaitable ».
> Cardinal François Marty 1904 — 1994

L'émergence d'une croissance durable dépend, pour une grande part, de l'environnement dans lequel cette politique est pensée. La croissance nécessite, de ce point de vue, des conditions institutionnelles, structurelles et psychologiques viables, à même de la supporter, de la stimuler et de lui offrir les modalités de son expression.

En d'autres termes, peut-il y avoir croissance durable en dehors des canaux de l'emploi et de la bonne gouvernance ?

Cette dernière s'avère être un facteur déterminant du développement économique et social. Elle peut se définir comme étant une « *une affaire de management ou de réformes institutionnelles en matière d'administration, de choix de poli-*

---

[69] Cité par nous même.
[70] Isabelle O'Byrne-Roubas, *Il n'y a pas d'âge pour ... Décrypter l'économie*, Editions l'Étudiant 2009, p 221.

tique, d'amélioration de la coordination et de fourniture de services publics efficaces[71] ». Par ailleurs, il s'inscrit dans une problématique assez large d'efficience et d'efficacité de l'action publique.

En matière de bonne gouvernance, le Sénégal, malgré certains acquis, a encore beaucoup à faire. Ces dernières années, notre pays, après des rapports d'audits qui n'ont, pour la plupart connu aucune suite judiciaire sérieuse, a rétrogradé sur plusieurs classements ayant trait, entre autres, à la bonne gouvernance (12e place sur 53 pays en 2010 selon le rapport de l'indice de la gouvernance en Afrique), à l'IPC (105e place au niveau mondial parmi 178 pays avec une note de 2.9 à égalité avec le Kazakhstan, l'Algérie…), à l'IDH (144e place sur 162[72]), à la compétitivité économique (111e rang mondial sur 142 économies d'après l'édition 2011-2012 du rapport global sur la compétitivité du Forum économique mondial WEF[73]).

Autant de raisons qui font du Sénégal un pays pauvre, un des plus pauvres du continent africain, nonobstant le soutien de 759,042 milliards de francs CFA soit 40% du PTIP 2008-2010[74] qu'a apporté l'aide publique au développement.

D'autres indicateurs confirmés par les récents rapports très alarmants du FMI révèlent que le déficit budgétaire du

---

[71] Banque Mondiale, *Governance and Development,* Washington D.C., 1992.
[72] « Rapport sur le développement humain 2010 », *Édition du 20e anniversaire du RDH.*
[73] http://yveslebelge.skynetblogs.be
[74] Http://www.reussirbusiness.com/article9275.html. Lire pour plus d'informations la brochure d'information du GTZ consacrée à L'Aide publique au développement et l'Appui budgétaire au Sénégal, 3e édition, Dakar, mars 2010.

Sénégal a presque doublé ces dernières années passant de 280 milliards de FCFA en 2007 contre 137 milliards en 2006[75].

La dette interne et externe quant à elle s'élèverait d'après l'ex-ministre d'État Abdoulaye Diop, ministre de l'Économie et des Finances, lors du vote de la loi des finances 2011, à 2208 milliards et 500 millions de FCFA en 2010, soit une hausse de 12,5%. Cette dette, payable d'ici 50 ans, et qui correspond à 34,8% du PIB.

Au regard de toutes ces considérations et face aux différentes interrogations soulevées, la problématique de la gestion rigoureuse des ressources de l'État se pose avec acuité et sous-tend d'autres interrogations.

Les dépenses publiques ont-elles été gérées en fonction d'objectifs clairs et d'une stratégie de développement bien pensée ?

Existe-t-il un cadre pertinent pour mesurer les coûts et les résultats effectifs des différentes actions menées, pour évaluer les différents dispositifs sociaux, fiscaux, etc. ?

Les politiques économiques envisagées sont-elles indépendantes de tout opportunisme politique ?

Il va de soi, pour répondre à ces différentes questions, que la lutte contre la mauvaise gouvernance doit bénéficier d'une réelle volonté politique, de la clarté dans les décisions et de l'efficacité dans l'action. Quand on n'a pas assez et qui plus est, que l'on dépend des autres, le bon sens ne nous commande-t-il pas de bien gérer le peu que l'on a ?

Aussi, certaines réformes, nous l'avons déjà dit, doivent impérativement être menées en vue d'une stabilité constitutionnelle, d'une réhabilitation de la justice, d'une révision du fonctionnement de l'administration, d'une réduction de notre dette et d'un renforcement des organismes de contrôle.

---

[75] Adapté du Professeur Arouna Ndoffène Diouf de l'Université de Caroline du Nord, aux États-Unis, lors d'une conférence tenue à Paris sur le thème : *La transparence des finances publiques au Sénégal*.

D'autres en faveur de l'amélioration des modalités d'évaluation systématique des politiques publiques et d'une contre-expertise indépendante de ces évaluations doivent être sérieusement envisagées. Cela, pour promouvoir l'émergence d'une administration comptable de chacun des francs qu'elle dépense, qui ne fait pas faire avec cent ce qu'elle peut faire avec cinquante et pour consolider la confiance de nos partenaires en nos projets et nos actions.

La bonne gouvernance implique également, dans une certaine mesure, l'émergence de solides fondamentaux financiers ou de nouvelles pratiques financières capables d'instituer des règles budgétaires et/ou financières pouvant contribuer positivement à l'assainissement des transactions financières en général, des finances publiques en particulier.

La bonne gouvernance doit aussi s'inscrire dans un cadre plus global qui est celui de la lutte contre la corruption, phénomène largement répandu, banalisé et systémique aussi bien dans la sphère étatique que publique. Elle suppose donc une prise de conscience générale et doit faire l'objet, pourquoi pas, d'une plus grande vulgarisation pour une meilleure compréhension de celle-ci et pour qu'elle ne « *trouve* [plus[76]] *sa légitimation dans des logiques sociales et économiques*[77] ». Elle suppose de ce point de vue des indicateurs clairs et un engagement ferme de la part de l'administration dans ses actes de tous les jours :

- ✓ Le respect scrupuleux du code des marchés publics en passant par une évolution, une adaptation et une plus grande précision de certaines de ses dispositions notamment celles relatives à la notion de « secret », de « défense », de « sécurité nationale », etc. Cela, pour, d'une part, être en phase, notamment, avec les directives N° 04/2005/CM et N° 5/2005 de l'UEMOA, évi-

---

[76] Cité par nos soins.
[77] Blundo Giorgio & Olivier de Sardan J. P., « La corruption quotidienne en Afrique de l'Ouest » in *Politique Africaine* N° 83 octobre 2001 p 8- 37

ter les dérives, répondre aux impératifs de transparence et de bonne gouvernance et d'autre part renforcer les compétences du DCMP en matière de contrôle suite à la salve d'indignations et de protestations soulevées par le décret N° 2010-1188 du 13 septembre 2010 modifiant le code des marchés publics[78],

✓ la limitation des montants payables en espèces dans les transactions courantes

peuvent constituer des pistes de réflexion.

Par ailleurs, cette lutte contre la mauvaise gouvernance ne pourrait-elle pas avoir des incidences positives dans les politiques en faveur de l'emploi ?

II — Lutte contre le chômage

L'emploi est la clé de voûte de toute insertion ou de toute exclusion. Il représente un enjeu social majeur d'une politique de développement durable.

Malgré le manque criant d'informations en termes de statistiques sur l'emploi, le chômage a atteint d'énormes proportions au Sénégal. De 49% en 2008[79] selon ANSD, il touche toutes les couches de la population, en particulier les jeunes et les femmes. En dépit de la mise en place de plusieurs structures d'accompagnement (CNEE, FNPJ, FNAE, ANEJ, OFEJBAN…) et l'élaboration d'une Politique nationale de l'emploi en 2010, le malaise persiste et doit nous interroger sur l'efficacité de ces multiples agences dédiées à la cause de l'emploi.

Que peut-on dire d'un pays où la moitié de sa jeunesse est au chômage ?

---

[78] cf.: http://www.senegaltribune.com/articles/6747/1/nouveau-decret-portant-modification-du-code-des-marches-publicscompromis-ou-contournement.

[79] Cf.:http://www.diplomatie.gouv.fr/fr/pays-zones geo_833/senegal_355/présentation-du-senegal_1293/index.html

Est-ce seulement un gaspillage de ressources ou la faillite des politiques menées jusque-là dans le domaine ?

Si l'efficacité de toute politique économique est étroitement liée à l'emploi et vice versa,[80] la lutte contre le chômage mérite une attention toute particulière, une mobilisation générale, un volontarisme à toute épreuve, une stratégie bien définie et des moyens éprouvés pour prendre soin de ces pans entiers de la population livrés à eux-mêmes.

Peut-elle être envisagée sans une vision globale qui ne prenne en compte, entre autres, l'investissement ?

La mise en œuvre d'un plan de relance économique et la revalorisation du secteur agricole doivent être, dans ce sens, des priorités.

1 — Plan de relance économique

Pour rappel, un plan de relance peut se définir comme une intervention massive de l'État dans l'économie afin de dynamiser le système productif et par là même, l'économie d'un pays. Cette intervention peut se faire à travers plusieurs modalités : soit par une dépense budgétaire massive dédiée à l'investissement, soit par des réductions de la fiscalité ou l'augmentation des prestations sociales.

Aujourd'hui face à la morosité de notre économie et à l'urgence de la question sociale, ne serait-il pas envisageable d'initier un plan de relance capable de jeter les bases d'une réelle croissance ?

a — Investir plus et mieux pour stimuler l'économie

L'enjeu du débat sur le rôle des investissements publics dans la relance, le développement économique et social, a repris, ces dernières années, une nouvelle dynamique, tant pour la politique économique que pour l'économie du développement.

---

[80] Alternatives économiques hors série N° 068 - février 2006.

L'analyse économique nous apprend que l'investissement a un rôle moteur dans le processus de croissance économique à long terme (Barro 1990) et serait, par conséquent, favorable à la croissance et à l'emploi, d'abord parce qu'il permet d'augmenter la demande de biens et de services, ensuite parce qu'il permet d'améliorer les conditions de l'offre.

« *Décidé soit par l'entreprise pour accroître ses avantages concurrentiels, soit par la puissance publique pour améliorer et développer les infrastructures de diverses natures, l'investissement productif est un facteur déterminant de l'activité tant dans l'entreprise qu'à l'échelon de l'économie nationale. Il conditionne la capacité de cette dernière à satisfaire les besoins actuels et futurs qui s'expriment dans la société : assurer le plein emploi dans le cadre d'un développement durable, réduire les inégalités sociales et territoriales ou encore améliorer l'attractivité du pays [...]*[81] »

En effet, « *lorsqu'un pays met en œuvre un plan de stimulation de l'économie, il alourdit inévitablement son déficit, mais la dette publique ne mesure qu'une colonne de son bilan — ce qu'il doit. L'actif aussi est important. S'il investit l'argent de la stimulation en actifs qui augmenteront la productivité nationale à long terme, ce pays sera en meilleure position à long terme grâce à la stimulation — tout en relançant à court terme la production et l'emploi [...] Si un pays stimule son économie au moyen d'une consommation financée par l'endettement, son niveau de vie sera inférieur plus tard, quand viendra le moment de rembourser la dette ou même simplement d'en payer les intérêts. Si un pays stimule son économie par l'investissement, la production future sera plus élevée — quand les investissements sont bons, elle augmente d'un montant plus que suffisant pour payer les intérêts. Non seulement ces investissements améliorent le niveau de vie aujourd'hui, mais ils améliorent*

---

[81] Avis et Rapports 2008 du Conseil Economique et social : *Dynamiser l'investissement productif en France* p I-5.

aussi celui de la prochaine génération [...][82]». Par ailleurs, l'État en continuant son effort dans la réalisation d'importants investissements, qui du reste stimuleront d'autres nouveaux investissements, assume son rôle de locomotive dans l'économie, donne, par un effet d'entrainement un signal favorable en direction du secteur privé (Faini 1994) et relance par ricochet la consommation des ménages.

La question de l'investissement a connu, au Sénégal, un regain d'intérêt[83] avec ce qu'il est convenu d'appeler les grands chantiers de l'alternance. Il est vrai, comme le soulignait le journal Le Matin, dressant le bilan de l'ère Wade, *«le volontarisme et l'engagement pour changer les choses n'ont pas manqué. De grands chantiers voient le jour. Mais, les tenants du pouvoir actuel ont surtout pêché sur la manière de faire »*.

Dès lors, n'est-il pas légitime de soulever la problématique du choix des projets, de l'opportunité de leur mise en œuvre et de l'allocation des ressources ?

N'est-il pas légitime de questionner les conditions politiques et institutionnelles dans lesquelles le souci de l'intérêt collectif a été efficacement pris en compte ?

S'il est incontestable que les chantiers, majoritairement concentrés à Dakar et ses environs, auront plus ou moins une incidence sur l'emploi, quelles incidences auront-ils en matière de rapprochement et de mise en valeur des autres régions du pays ?

En outre, n'aurait-il pas fallu s'intéresser davantage à des programmes ambitieux pour remettre en état le secteur de la santé, de l'éducation et de la formation avec, nous l'avons dit, le renforcement de pôles universitaires régionaux, la satisfaction des besoins fondamentaux par la création de nou-

---

[82] Joseph E. Stiglitz, *Le triomphe de la cupidité*, Babel 2010, p 129 - 135

[83] Lire à ce sujet la *Note sur l'évolution de l'investissement au Sénégal*, 9e session Dakar, 14 juin 2010 du CPI, Latif Dramani, Oumy Laye, *les déterminants de l'investissement prive au Sénégal* : ANSD Août 2008.

velles allocations pour lutter efficacement contre la pauvreté et les inégalités tout en évitant les pièges de l'assistanat?
N'aurait-il pas fallu développer d'autres formes d'énergies notamment l'énergie solaire, l'hydro éolienne, l'éolien pour apporter des solutions à la question énergétique ?
N'aurait-il pas fallu soutenir davantage l'aide à la création de nouvelles entreprises ?
Investir, c'est parier aussi bien sur le court terme que le long terme. L'investissement doit donc s'inscrire dans une stratégie globale de croissance.
Il ne s'agit pas de faire n'importe quoi, ni n'importe comment. Il s'agit plutôt, via une démarche claire, une orientation stratégique prenant en compte tous les besoins — au niveau national — de stimuler l'économie à court terme tout en renforçant le pays pour l'avenir et par conséquent la cohésion sociale.
Ce plan d'investissement ne pourrait-il pas se faire, par ailleurs, dans le cadre d'un grand emprunt sous régional ?

b — Réformer la fiscalité

Rappelons que la fiscalité est, en résumé, l'ensemble des pratiques relatives à la perception des impôts et autres prélèvements obligatoires. C'est un instrument d'intervention de l'autorité publique dans la vie économique et sociale d'un pays. De ce point de vue, la fiscalité en général et l'impôt en particulier remplissent d'abord une fonction financière en assurant la couverture des dépenses publiques, ensuite une fonction économique par le financement d'actions d'intervention en relançant ou en freinant certains comportements dans le domaine économique, enfin une fonction sociale en tant qu'instrument privilégié de la justice sociale et de la redistribution des revenus.
En matière de fiscalité, le Sénégal, à l'image des pays à faibles revenus comme le Bénin, le Burkina Faso, la République Démocratique du Congo, le Mali, le Niger, le

Tchad, n'est pas très performant. En effet, les recettes fiscales sont sous la barre des 15% du PIB[84].

Or, pour qu'un État soit fiscalement viable, la règle veut que les impôts collectés représentent au moins 15% du PIB[85].

Dès lors, comment rendre le système plus performant, mais aussi plus compréhensible pour amener les gens à être plus disposés à payer l'impôt ?

Comment trouver le juste équilibre entre un régime fiscal attractif pour l'investissement, la croissance et des recettes suffisantes pour financer les dépenses publiques ?

En somme, comment avoir des mécanismes fiscaux efficaces économiquement, utiles écologiquement et équitables socialement pour engager les mutations structurelles nécessaires pour notre pays.

L'heure est venue pour le Sénégal, qui dépend encore trop des flux financiers venus de l'étranger, capricieux et imprévisibles, de jeter un œil neuf sur les impôts, un gisement potentiel inexploité.

Cela pourrait se faire à travers :

- ✓ la tenue d'assises nationales sur la fiscalité comme cela a été fait dans d'autres pays (par exemple le cas du Maroc 1999 avec des résultats probants) pour rendre le système plus juste, plus performant, plus adapté à notre modèle économique et plus compréhensible,

- ✓ la suppression, si elles existent, de toutes les formes de « niches fiscales[86] » ou d'exonérations d'impôts inefficaces économiquement et porteuses de flagrantes injustices sociales,

---

[84] Adapté de http://www.jeuneafrique.com/Article/ARTJAJA2577p087-089.xml0/bad-congo-maroc-libyeet-si-les-africains-payaient-enfin-leurs-impots.html
[85] Ibid.
[86] Terme qui renvoie à toute forme de réduction d'impôts ou d'exonération de charges.

- ✓ l'élargissement progressif de l'assiette fiscale, une contribution plus soutenue et équitable des grandes fortunes[87] et le renforcement de la lutte contre la fraude pour optimiser les recettes fiscales,
- ✓ la simplification progressive, avec les NTIC, des systèmes fiscaux comme cela a été fait avec la télé déclaration de TVA en 2009 et l'encouragement à la discipline fiscale par des procédures de contrôles plus rigoureux et de sanctions plus efficaces,
- ✓ l'institution d'une discrimination positive territoriale en matière de fiscalité pour promouvoir certaines localités (développement d'activités économiques dans certaines régions),
- ✓ la mise en place d'un système de «bonus-malus», le développement d'aides et/ou subventions accordées en contrepartie d'engagements solides et d'obligations de résultats soumis à une vérification publique pour encourager et pérenniser certains comportements dans le domaine économique (embauche, investissement, création d'entreprises…),
- ✓ le renforcement des moyens donnés à l'administration fiscale pour mieux contrôler certaines pratiques abusives des multinationales en matière de fiscalité avec, notamment, l'utilisation abusive des prix de transfert qualifiés également de prix de cession internes[88],
- ✓ la mise en place d'une « police fiscale » pour lutter efficacement contre les pratiques contraires à la discipline fiscale.

---

[87] N'est-il pas concevable de faire contribuer davantage et de manière juste ceux qui sont les plus aisés à la solidarité nationale ?
[88] Pour plus de précision sur la question lire *Alternatives économiques* N° 133 - janvier 1996.

Il n'est pas superflu de mentionner ici que si les citoyens ordinaires sont réticents à payer l'impôt, c'est parce qu'ils invoquent souvent la corruption supposée de l'administration et le mauvais usage systématique des fonds publics.

Aussi, la fiscalité doit être liée dans son ensemble à la « bonne gouvernance », car les systèmes fiscaux sont un vecteur d'amélioration des relations entre l'État et la société puis de renforcement de la responsabilité de celui-ci à l'égard des citoyens.

De toute évidence, aucune question ne doit être occultée dans cette perspective si nous voulons réellement nous donner les moyens de créer les conditions d'une vraie reconstruction du Sénégal.

c — Créer une banque publique d'investissement

Le Sénégal est un pays très équipé en banques et structures financières, mais le problème de l'accès au crédit, surtout pour les PME reste entier.

En effet, « *malgré la progression notée dans l'évolution fulgurante des banques classiques et une politique d'extension du réseau très hardie, les PME semblent toujours exclues du circuit de financement. Une étude a montré que le taux de bancarisation établi autour de 11,6% en 2007 est considéré très progressif, mais comparé à ceux des pays émergents, il demeure très faible*[89] ».

Or, ces petites structures constituent 90% des entreprises, procurent 30% des emplois, 25% du chiffre d'affaires, et contribuent pour 20% à la valeur ajoutée nationale. À ce titre, elles représentent un des piliers les plus importants du tissu économique, du fait de leur propension à valoriser les ressources naturelles, à créer des emplois, à générer des revenus

---

[89] http://fr.allafrica.com/stories/201003151526.html

substantiels[90] et apparaissent donc, comme le mentionne la lettre de politique sectorielle des PME d'octobre 2010, en tant qu'acteurs incontournables de la croissance économique et un levier essentiel de lutte contre la précarité.

La meilleure manière de les faire grandir est, naturellement, de leur faciliter l'accès aux financements, là où le poids du risque ne permet pas au marché bancaire classique de répondre de manière satisfaisante aux attentes de ces entrepreneurs.

Ainsi, face aux nombreuses difficultés d'accès au crédit bancaire et aux résultats plutôt mitigés des réponses qui ont été apportées aussi bien par le secteur bancaire classique que par les solutions alternatives mises en œuvre par l'État avec ses partenaires au développement, comment drainer suffisamment de ressources pour financer le développement des PME?

L'État doit-il laisser au seul secteur privé, la politique d'accompagnement en matière de financement des PME et PMI au regard de l'importance qu'elles sont censées jouer dans le développement économique du pays ?

Par ailleurs, le soutien et l'encadrement de ces petites et moyennes entreprises ne peuvent-ils pas contribuer à améliorer l'organisation de ces dernières et par conséquent le marché de l'emploi ?

La création d'une banque publique d'investissement pourrait, concurremment avec la « Caisse Nationale de dépôt » et de consignation instituée en 2006 et tout en assurant une mission d'intérêt général, constituer une réponse à ces difficultés et être le bras armé de l'État en matière de politique de crédit,

---

[90] Adapté de : *Le financement des PME au Sénégal* par Hamsatou Harouna Djibo Institut Privé de Gestion de Dakar (IPG) - Maîtrise en Administration des Affaires.

de financement et d'encadrement des PME / PMI à l'image, par exemple, d'OSEO[91] en France.

Elle pourrait, dans ce sens, centraliser et rationaliser, entre autres, les divers fonds existants (fonds de garantie, de risque, de bonification) ainsi que les lignes de crédit destinées au financement des PME pour avoir les moyens nécessaires à une telle mission.

D'un autre point de vue, un des rôles premiers d'une banque n'est-il pas de favoriser la croissance économique, la création d'emplois ? N'est-il pas de soutenir, par le crédit, les particuliers, les ménages ? N'est-il pas d'encourager l'investissement en apportant l'argent nécessaire pour créer de nouvelles entreprises et développer les anciennes ?

Il appartiendra donc à l'État de faire en sorte que les banques jouent ce véritable rôle.

2 — Favoriser les conditions pour un développement réel de l'agriculture

Le secteur primaire en général et l'agriculture en particulier sont une composante majeure de l'économie sénégalaise. Ils assuraient 16,3% du PIB, en 2009 dont 8,0% pour l'agriculture[92] qui occupe 65% de la population[93].

Aujourd'hui, en dépit des enjeux que véhicule le secteur agricole, le constat est amer. Les décennies passent, mais les problèmes de l'agriculture sénégalaise demeurent[94].

---

[91] OSEO est un établissement public d'État, sous tutelle du ministère de l'Économie, des Finances et de l'Emploi, et du ministère de l'Enseignement supérieur et de la Recherche. Son rôle est de financer et de soutenir l'innovation et la croissance des entreprises à toutes les étapes cruciales de leur vie.

[92] ANSD - Situation économique et sociale du Sénégal Éditons 2009 p 139

[93] Ba Boubacar, *Agriculture et Sécurité alimentaire au Sénégal,* Paris, Harmattan 2008, p 6.

[94] Pour plus d'informations, lire : Mainville & Lailler, *Les politiques de sécurité alimentaire au Sénégal depuis les indépendances*, Harmattan, 2005, 187p ; *Agriculture et Sécurité alimentaire au Sénéga*l de Boubacar

Les différentes politiques agricoles menées jusque-là n'ont vraiment pas apporté des réponses efficaces aux problèmes qui handicapent l'agriculture et l'on pourrait même s'interroger sur leurs motivations réelles.

Celles affichées récemment par le régime de Wade, en passant par la Loi d'Orientation agro sylvio-pastorale de 2004 dont le contenu est loin de faire l'unanimité [95], le plan REVA, la Grande Offensive agricole pour la nourriture et l'abondance, le Programme national d'investissement agricole, le développement de la grappe agriculture et agro-industrie de la stratégie de croissance accélérée ainsi que les milliards et les milliards injectés par l'État dans le domaine agricole pour faire de l'agriculture un levier tangible de la croissance économique n'ont pas réellement inversé la tendance. Malgré les maigres avancées constatées, le pays dépend de plus en plus des importations massives. Nos producteurs continuent de s'inquiéter et de subir un contexte national, international et environnemental difficile (spéculation sur le cours des matières premières agricoles, volatilité des cours mondiaux, pluviométrie aléatoires alors que les récoltes dépendent à 95 % de ces dernières…). Les prix sur les denrées de première nécessité, en premier lieu le riz, inquiètent, les émeutes de la faim menacent à nouveau, l'insécurité alimentaire et la pauvreté en milieu rural persistent du fait de la faiblesse de la production locale et des revenus des acteurs. Bref, le secteur traverse une crise profonde. Cette crise, souligne Christophe Lesueur[96] « *cristallise les incohérences des*

Ba, Harmattan 2008, 350p ; *Agricultures africaines et marché mondial* de Marc Dufumier Fondation Gabriel Péri, *2007*.

[95] « De l'agriculture familiale à l'agrobusiness : la transition est-elle possible ? Quel avenir pour les agricultures d'Afrique de l'Ouest ? », Ibrahima Sène, *Séminaire de la Fondation Gabriel Péri, 2006.*

[96] Christophe Lesueur est Expert chargé des thématiques « marchés et compétitivité » et « développement du capital humain » au sein de la plateforme pour le développement rural en Afrique de l'Ouest et du Centre.

politiques sectorielles commerciales et macroéconomiques du Sénégal » et ce serait donc, à en croire Alain Antil[97], le résultat des mécanismes économiques et politiques, et non une quelconque fatalité climatique qui expliqueraient les difficultés de notre agriculture.

Une crise exacerbée du reste par l'accaparement progressif des terres, les spéculations foncières de quelques affairistes qui n'ont jamais connu l'agriculture et dont on ignore souvent les connivences, qui viennent disputer les terres aux producteurs avec le but de faire davantage de profits. Au vu des moyens dont ils disposent, on ne serait pas surpris de voir les agriculteurs être bientôt spoliés de leurs terres. Ce qui peut avoir pour conséquence de compromettre l'agriculture familiale, accroitre les inégalités et ainsi saper les efforts de lutte contre la pauvreté en produisant des effets inverses et, peut être, favoriser l'introduction d'OGM dont les risques pour l'environnement, la santé publique, les équilibres économiques et sociaux font débat.

Entendons-nous bien, il ne s'agit aucunement de mettre tout le monde dans l'agriculture, mais de proposer à ceux qui veulent s'y adonner les moyens et les motivations pour le faire.

Car, comment peut-on prétendre vouloir développer l'agriculture et ne pas donner les voies et moyens adéquats à ceux dont c'est le métier d'en vivre ?

Comment peut-on lutter efficacement contre la pauvreté sans permettre aux 65% de la population qui vit de l'agriculture de disposer, entre autres, de terres ?

Comment peut-on prétendre contenir l'exode rural si ces populations ont moins de raisons de rester chez elles ?

- ✓ Recourir, comme nous l'avons susmentionné, au protectionnisme ciblé à l'égard de certaines importations en provenance des pays où l'agriculture

---

[97] Alain Antil est chercheur et responsable du programme Afrique subsaharien à l'IFRI.

est déjà hautement productive et subventionnée par le biais de droits de douane conséquents, pour favoriser la production, la protection des agricultures vivrières locales.

- ✓ Militer en faveur d'un système *d'échange juste* et remettre à plat toutes les formes d'accords contraires à nos intérêts.
- ✓ Préserver les terres agricoles qui, du fait de la mondialisation, font l'objet de toutes les convoitises et entrent dans le collimateur des fonds d'investissements et autres multinationales à la recherche de terres arables.
- ✓ Statuer clairement sur les enjeux de l'agrobusiness et ses dérives potentielles (introduction d'OGM, utilisation intempestive d'engrais avec des conséquences insoupçonnées sur l'environnement et la santé publique),
- ✓ Démocratiser et sécuriser l'accès au foncier agricole et pastoral par l'élaboration de plans d'aménagement réservant des terrains non constructibles à l'agriculture et/ou à l'élevage.
- ✓ Promouvoir un statut d'actif agricole avec une protection sociale y afférant.
- ✓ Constituer des réserves stratégiques en achetant le surplus des productions agricoles pour d'abord encourager et stimuler la production céréalière locale, ensuite renforcer l'assise financière des paysans et enfin se mettre à l'abri en cas de mauvaises saisons.
- ✓ Inventer un mode de développement agricole et rural qui permet de fixer les populations rurales, d'accroître leurs revenus et de renforcer leurs territoires qui sont le plus souvent dégradés en encourageant la création

de petites et moyennes structures économiques et/ ou industrielles pour transformer la production locale, pérenniser l'emploi et sécuriser les revenus.

- ✓ Faire face aux conditions écologiques souvent contraignantes (pauvreté des sols, irrégularité et insuffisance des pluies…) en accentuant les efforts destinés à l'accompagnement concret du monde paysan pour une approche agroécologique de l'agronomie, la recherche pour de nouveaux intrants robustes, sains et le développement de technologies appropriées.

- ✓ Mettre fin aux mécanismes destinés à contraindre ou inciter les paysans à produire davantage pour l'exportation au détriment des productions vivrières.

- ✓ Décentraliser les décisions en matière de politique agricole et mieux intégrer les paysans au cœur des débats liés à l'agriculture.

Autant d'idées qui nécessitent certes, une réflexion en profondeur, mais dont nous ne pouvons ignorer l'urgence pour assurer une sécurité alimentaire réelle pour le Sénégal, valoriser le statut de paysan, développer certaines localités et lutter efficacement contre le chômage et la pauvreté. D'ailleurs, comme l'a si bien mentionné Moustapha Kassé[98] *« Il est impossible de transformer le secteur agricole sans une vision sociale plus globale, car, de nos jours, il est impératif d'élaborer une stratégie agricole qui soit complète, cohérente et précise ».*

Reconstruire le Sénégal, c'est s'engager résolument vers des réformes en profondeur. Réformes dont l'intérêt du Sénégal et des Sénégalais serait le seul mobile. Aussi, nous de-

---

[98] Pr. Mamadou Moustapha Kassé cité par Ernest Harsch in *Afrique Relance, ONU ; Sénégal combattre la faim en modernisant l'agriculture.*

vons être attentifs aux possibilités qui existent et sortir des carcans idéologiques et émotionnels qui nous empêche de créer de nouveaux réseaux de coopération capables de rétablir la croissance économique, d'offrir des opportunités économiques à plus d'individus, à plus de secteurs géographiques et de développer notre capacité à entraîner le Sénégal vers un meilleur futur.

Chapitre 3

POUR DES MÉDIAS LIBRES AU SERVICE DU DÉVELOPPEMENT

« La libre communication des pensées et des opinions est un des droits les plus précieux de l'homme. Tout citoyen peut donc parler, écrire, imprimer librement, sauf à répondre de l'abus de cette liberté dans les cas déterminés par la loi ».
Article 11 de la Déclaration des droits de l'homme et du citoyen de 1789

« Une véritable démocratie a besoin d'une presse indépendante[99] »
Stéphane Hessel

Les corrélations entre médias, développement économique[100], développement démocratique[101] et leur contribution à l'édification d'une nation quelle qu'elle soit semble être aujourd'hui une vérité unanimement partagée. D'aucuns pensent même, à l'image du Prix Nobel d'économie 1998 Amartya Sen[102], que la promotion des libertés individuelles et notamment la liberté d'expression est une condition nécessaire au processus de développement.
En effet, l'amélioration du bien-être des populations, pense-

---

[99] Stéphane Hessel, *op cit*. p 10.
[100] *Liberté de la presse et développement*, UNESCO, 2007 : 5 - 134.
[101] Lire à ce sujet Daniel Bougnoux, « Médias et démocratie : La fonction des médias dans la démocratie » in *Cahiers Français* N° 338 ; *Les Cahiers du journalisme* N° 9, 2001 p 174 – 187 ; *Les Cahiers du journalisme* N°19, 2009, p 202 - 211.
[102] *Un nouveau modèle économique. Développement, justice, liberté*, Paris, éditions Odile Jacob, 2000, 479 p.

t-il, ne se limite pas à la croissance de la production et/ou à l'accumulation du capital. Elle est conditionnée par l'extension des libertés humaines à la fois "*objectif prioritaire et vecteur du développement*". Il faut donc des institutions qui garantissent aussi bien les libertés sociales : droit à l'éducation et à la santé, que les libertés politiques comme la libre expression dont il est question ici, et assurent la sécurité des individus.

En d'autres termes, des médias libres, indépendants et pluralistes qui fourniraient aux citoyens des informations qui leur permettent de faire des choix informés et de participer activement aux processus démocratiques peuvent aider à renforcer, notamment, la transparence et la responsabilité des autorités envers les citoyens, en facilitant le dialogue et en exposant les abus de pouvoir, à améliorer la compréhension par le public des questions d'actualité, des événements, des priorités, des politiques engagées et des options envisageables.

Il apparaît donc clair, au regard de ce qui précède, que les médias en général et les journalistes en particulier ont plus que jamais d'énormes responsabilités[103] à faire valoir surtout dans nos pays où les défis à relever nous interpellent chaque jour davantage.

Aujourd'hui, le dynamisme des médias au Sénégal est un fait avéré : une vingtaine de stations de radio, une quinzaine de quotidiens privés et pas moins de six chaînes de télévision et des journalistes, du moins pour certains il faut le dire, qui font preuve d'un professionnalisme incontesté. Cependant, ce foisonnement exceptionnel ainsi que ce rôle incontestable, qui ne serait pas forcément, par ailleurs, signe de maturité[104],

---

[103] Lire à ce sujet Les cahiers du journalisme N° 2 (Synthèse des travaux du groupe de réflexion N. ORSOM en 1995-1996): *La responsabilité sociale du journaliste : donner du sens* p 16 - 32 ; *La nouvelle responsabilité sociale des médias et des journalistes*, p 108 -125.

[104] « Entre tradition orale et nouvelles technologies : où vont les mass médias au Sénégal » *in Edition de l'Institut für Ethnologie und Afrikastudien,* 2004 p 8 - 171.

cacheraient des réalités complexes : précarité, amateurisme de certains journalistes du fait du déficit de formation, soupçon de corruption, difficulté d'accès à l'information, la liste est loin d'être exhaustive. À tous ces facteurs se greffe un environnement politique, souvent envahissant et « malsain ». Assurément, depuis, 2002[105], le Sénégal est régulièrement épinglé pour des violations de la liberté de la presse et n'a cessé de régresser jusqu'à perdre en 8 ans, 46 points. En effet, de la 89e place en 2009, le Sénégal est passé, en 2010, à la 93e place, perdant ainsi 4 places d'après le classement mondial de la liberté de la presse dressé par Reporters sans frontière. Chose étonnante, notre pays, « souvent donneur de leçons », est de loin dépassé par de nombreux pays de la sous-région notamment le Cap-Vert, le Ghana et le Mali qui sont 26e ex aequo, le Burkina Faso 49e, le Togo 60e, la Guinée-Bissau 67e, le Bénin 70e, le Liberia 84e et la Sierra Leone 91e…[106] L'on pourrait même se demander, malgré les progrès accomplis dans ce domaine, si les conditions nécessaires pour profiter pleinement du potentiel démocratique, économique des médias et renforcer leur contribution au développement ainsi que les politiques élaborées à cet égard, sont à la hauteur des enjeux.

Il est urgent, par conséquent, de redonner au journalisme toutes ses lettres de noblesse et de faire des journalistes les relais, les artisans et les sentinelles « d'une presse utile ».

Une presse soucieuse de « *cultiver la clairvoyance, nourrir la vigilance et dénoncer les pratiques qui cherchent à empêcher qui que ce soit de donner son plein potentiel ou abuser de la confiance des citoyens* [107]».

---

[105] Correspond à la date de création du classement par Reporters sans Frontière.
[106] Lire pour plus de précisions *Le Populaire* du 21 octobre 2010.
[107] Michaëlle Jean, Gouverneure générale du Canada, lors d'une table ronde sur le thème : « Rôle des médiats dans l'émergence d'une nouvelle Afrique », tenue à l'UCAD II, avril 2010.

Une presse partisane du respect de la loi, des règles d'éthique et de déontologie.

Car, « *c'est de la qualité de l'information que dépend la qualité de la démocratie. Quand la première se dégrade, la seconde ne tarde guère, elle-même, à s'abîmer* [108] ».

Cela suppose de donner à la presse dans son ensemble les conditions lui permettant de jouer pleinement son rôle. Il faudrait, dans ce sens :

- ✓ Constitutionnaliser certains principes relatifs à la liberté de la presse (protection des journalistes, protection des sources, liberté d'informer, libre accès des citoyens comme des médias à tous les documents et données officiels...) pour une liberté de la presse effective et plus soutenue.

- ✓ Instituer un organe de centralisation et de publication de l'information gouvernementale et/ou public.

- ✓ Revoir, entre autres, certaines dispositions du Code pénal notamment ses articles 80, 254, 265, etc., et du Code de procédure pénal : exemple de l'art.139. Pour, d'une part, être en parfaite harmonie avec la Charte africaine des droits de l'homme et des peuples (cf. article 9) et le Pacte international relatif aux droits civils et politiques (cf. article 19), ratifiés par le Sénégal et qui garantissent le droit à la liberté d'expression. D'autre part, dépénaliser la plupart des délits de presse : diffamation, publication de fausses nouvelles, outrage au chef de l'État... qui inhibe le travail des journalistes soumis constamment au harcèlement de l'État en contrepartie, bien entendu, d'un traitement plus professionnel et plus objectif de

---

[108] Ramonet I, « Une information libre » in *Le Monde diplomatique*, novembre 1996.

l'information. Ces différents délits pourraient devenir par ailleurs des infractions civiles.

- ✓ Revoir les conditions d'attribution de l'aide de l'État à la presse pour une plus grande transparence sur ses bénéficiaires, pour qu'elle serve davantage à « la presse », et pour ne pas la placer dans une situation de dépendance à l'égard d'un régime d'intervention qui pourrait être peu incitatif au changement.

- ✓ Créer un conseil de presse pour promouvoir une information de qualité, le respect des normes éthiques en matière de droits et responsabilités de la presse[109]

- ✓ Repenser le concept de la régulation par l'institution d'une seule et unique autorité de régulation avec des compétences revalorisées, des moyens humains et matériels dédiés et susceptibles de faire face aux évolutions constantes du secteur médiatique en lieu et place des entités existantes. Ce qui pourrait permettre de n'avoir qu'un seul interlocuteur et de concentrer les moyens ainsi dispersés pour plus de cohérence et d'efficacité.

- ✓ Renforcer les compétences professionnelles des journalistes en préconisant une harmonisation et une évaluation constante des programmes des écoles de formation sans oublier de revoir les conditions d'attributions de « licences » pour les écoles privées. Instituer par exemple des licences renouvelables et non définitives.

- ✓ Créer les conditions d'une indépendance effective de la RTS d'abord en revoyant les conditions de nominations des hauts responsables de la télévision, ensuite,

---

[109] Pour plus d'informations sur la question lire *Régulation, médiation, veille éthique: Les Conseils de presse, la solution* ? Gilles Labarthe, Collection *Journalisme responsable*, mars 2008 p 5-30.

si ce n'est pas fait, par une égalité de traitement entre gouvernement et opposition en ajustant le temps de parole du chef de l'État et des membres du gouvernement à celui de l'opposition, enfin par un traitement plus impartial de l'information religieuse.

- ✓ Favoriser le pluralisme des médias avec la nécessité d'un cahier de charges clair et précis pour toute acquisition de fréquences de radios ou de télévisions.

- ✓ Démocratiser la diffusion des médias et l'accès aux réseaux des nouveaux outils de l'information à l'intérieur du pays.

- ✓ Introduire dans les programmes d'enseignement « l'éducation aux médias » pour mieux comprendre le rôle qu'ils jouent dans notre culture et la manière dont ils influencent la perception que nous avons du monde.

En dépit de toutes ces propositions, il est évident que l'évolution positive du PAS ne pourrait se faire sans un engagement concerté et constructif de toutes les parties concernées : État, journalistes, citoyens.

En tout état de cause, la protection de la liberté de la presse et la protection des journalistes doivent être une préoccupation de chaque instant. Par contre, elle ne saurait être, en aucune manière, un prétexte à un journalisme insoucieux des lois de la République.

Chapitre 4

POUR UNE PÉDAGOGIE ÉCOLOGIQUE

« Il ne s'agit pas pour l'humanité de préserver le monde naturel, mais plutôt de se préserver elle-même. La précarité de la nature est notre propre fragilité ».
Amartya Sen

« L'écologie est aussi et surtout un problème culturel. Le respect de l'environnement passe par un grand nombre de changements comportementaux ».
Nicolas Hulot.
Extrais de la revue Ma Planète 1997

Par le passé, le terme « écologie » a été longtemps réservé à une certaine catégorie de personnes. Aujourd'hui, avec la dégradation constante de l'environnement, les changements climatiques et les modifications progressives des écosystèmes, les préoccupations environnementales en général et l'écologie en particulier sont devenus un enjeu stratégique majeur, une question cruciale. Une question cruciale qui doit nous interpeller plus que d'habitude, nous inciter à revoir nos comportements, nos différentes politiques en la matière du fait des conséquences insoupçonnées qui pourraient en découler ainsi que les effets directs et indirects qu'elle pourrait exercer sur les autres secteurs[110].

Que faire de ces décharges sauvages de déchets ménagers et autres qui jonchent les villes et villages du Sénégal, de ces milliers de sacs en plastique qui ont envahi la nature à tel point que la situation est devenue plus que critique ?

---

[110] Rapport GO3 du PNUE : *l'avenir de l'environnement mondial 3 ; le passé, le présent et les perspectives d'avenir,* 2002, Gnesotto & Grevi ; *le monde en 2025,* Paris, Editions Robert Laffont, 2007 p 109 - 132.

Qu'en est-il de notre littoral qui subit des agressions répétées liées à la pollution, à l'occupation anarchique et au développement exagéré d'activités parfois illégales[111] ?

Que dire de nos eaux territoriales surexploitées et soumises à une constante dégradation au point d'hypothéquer réellement l'avenir de nos ressources halieutiques[112] ?

Qu'adviendra-t-il de ce qui reste de nos forêts toujours victimes de l'ignorance et/ou de l'irresponsabilité de certains ?

Que dire de l'exploitation abusive des terres occasionnant au passage des modifications du paysage, la dégradation des sols, la déforestation, la perte de la biodiversité…?

Aujourd'hui, « *le développement humain ne peut être séparé du développement durable [...]. Par conséquent, la mesure du « naturel » doit dans ce cadre devenir un objectif de premier plan [...]*[113] ».

Il nous faut, pour cela, imaginer de nouvelles façons de faire, d'expliquer l'écologie de la vivre et de la faire vivre, car, le déclin de l'environnement affectera incontestablement nos vies, mais aussi nos possibilités de développement à plus ou moins long terme.

« *Les catastrophes qui se préparent à l'échelle mondiale dans un contexte de croissance démographique, les inégalités dues à la rareté de l'eau, la fin de l'énergie bon marché, la raréfaction de nombre de minéraux, la dégradation de la biodiversité, l'érosion et la dégradation des sols, les événements climatiques extrêmes… produiront les pires inégalités entre ceux qui auront les moyens de s'en protéger, pour un*

---

[111] Pour avoir une idée sur le phénomène lire l'article : *L'homme tue le littoral Sénégalais* :
http://yveslebelge.skynetblogs.be/archive/2008/09/29/l-homme-tue-le-littoral-senegalais.html.

[112] Lire à ce sujet l'article, *La gestion des ressources halieutiques au Sénégal : une contribution à la réalisation des Objectifs du Millénaire pour le Développement de* Camara Marie Bernard p 1 -16.

[113] Problèmes économiques N° 3007, novembre 2010 p 44 - 46.

temps et ceux qui les subiront. Elles ébranleront les équilibres géopolitiques et seront source de conflits[114] ».

Par conséquent, comment sensibiliser les masses populaires à des thèmes quels qu'ils soient et qui plus est à l'écologie si elles ignorent les tenants et les aboutissants de ces derniers ?
Comment installer les fondamentaux de l'écologie dans la conscience collective ?
Il est temps d'appeler à la raison autant qu'à l'esprit pour repenser notre rapport à la nature, réduire nos diverses vulnérabilités, restaurer si possible les équilibres dynamiques quoique délicats à entretenir, mais pourtant indispensables, atténuer les déséquilibres causés par l'activité humaine et les graves problèmes vers lesquels nous nous dirigeons plus ou moins lentement mais surement et pour lesquels il serait difficile de revenir en arrière.
Cela passera sans doute par :

- ✓ Une politique environnementale moins laxiste et plus contraignante aussi bien à l'égard des personnes physiques que morales en expérimentant, par exemple, l'idée du pollueur payeur et l'institution, si ce n'est pas encore le cas, du principe de « préjudice écologique ».

- ✓ L'amélioration de la gestion de l'environnement par la mise en place de mesures de redressement, de prévention (renforcement de la sensibilisation et de l'information autour des questions écologiques pour promouvoir de nouveaux modes de comportements individuels et collectifs responsables), de politiques de protection des écosystèmes et de restauration de l'environnement plus efficaces :

---

[114] M. Rocard, D. Bourg, F. Augagneur, « Le Genre humain menacé », in *Le Monde*, 4 avril 2011 p18.

- La pêche : multiplier les aires marines protégées avec une cogestion entre États et acteurs du secteur, réfléchir sur la possibilité d'instaurer, en fonction des espèces, des saisons de pêche, introduire la culture de coraux dans des zones interdites à la pêche, renforcer la protection de la mangrove, réglementer plus strictement les mailles de filets, assurer une surveillance accrue des côtes, instaurer plus de transparence dans les contrats, les licences en matière de pêche et instituer une certification ou un label spécifique pour encourager la *pêche durable* et responsable.

- Les déchets en général : s'orienter vers une gestion plus écologique des déchets par la promotion du triage à domicile parce que l'environnement commence sur le pas de sa porte, du recyclage, de la récupération et une parfaite maîtrise des processus d'enfouissement.

- Les sacs plastiques en particulier : réduire la production en s'orientant, en collaboration avec les industriels concernés, vers une interdiction de leur utilisation à défaut de la mise en place de sacs plastiques à durée de vie biodégradable, de leur récupération et/ou de projets de recyclage et éventuellement leur remplacement par des sacs en papier.

- Les forêts : renforcer les politiques de reboisement avec des espèces plus adaptées aux conditions climatiques difficiles, revoir les processus d'exploitation des terres, renforcer la surveillance des parcs nationaux existants, favoriser, avec l'appui des collectivités la création de jardins ou parcs publics qui feront office de « poumons verts » pour de nos villes et être plus strict en matière d'abattage des arbres. Bref, veillez au respect du code forestier.

- ✓ Promouvoir, en plus du solaire, de l'éolien, d'autres formes d'énergies plus abordables en lieu et place du charbon de bois dont les producteurs pourraient, par ailleurs, avoir leurs propres plantations (bail) dans le but de faciliter le contrôle de la production.
- ✓ Développer un réseau de transport public digne de ce nom (chemin de fer, tramway…) avec un plan de circulation bien défini pour une meilleure circulation des personnes et des biens au service d'une économie verte et compétitive .
- ✓ Répertorier les principaux risques potentiels et renforcer nos systèmes d'alerte et d'évaluation des différentes vulnérabilités actuelles et futures de manière à faire face efficacement aux différentes menaces qui pourraient survenir.

Sans avoir abordé tous les thèmes relatifs aux problèmes écologiques au Sénégal, nous pouvons dire sans ambages, à la fin de ce chapitre, qu'il n'y a pas de fatalité. Notre pays sera ce que nous en ferons. Soit un pays d'harmonie entre les hommes, bien entendu, mais aussi et surtout entre les hommes et la nature comme ce fut le cas jadis. Soit un pays en proie à de grandes vulnérabilités avec des conséquences que nous aurions tous à déplorer. C'est donc aujourd'hui et de façon urgente qu'il faut prendre les problèmes à bras le corps. Et comme le souligne Philippe St Marc, « Le *coût de la protection du milieu naturel est beaucoup plus faible que le coût de sa reconstitution. La défense de la nature est rentable pour la nation* [115] ». Par conséquent, « *répondre à la crise écologique est un devoir moral absolu. Les ennemis de la démocratie sont ceux qui remettent à plus tard les réponses aux enjeux et défis de l'écologie* [116] ».

---

[115] Philippe St Marc, *Socialisme de la Nature,* Paris, Éditions Stock, 1971, 381 p.
[116] M. Rocard, D. Bourg, F. Augagneur, *Le Monde, op. cit.*

Chapitre 5

POUR PLUS D'AFRIQUE ET MIEUX D'AFRIQUE

« Nous ne sommes pas encore libres,
nous avons seulement atteint la liberté d'être libres »
Nelson Mandela

« […] Sans dignité, il n'y a pas de liberté,
sans justice, il n'y a pas de dignité,
et sans indépendance, il n'y a pas d'hommes libres […] »
Patrice Lumumba 1925-1961

Pourquoi avoir choisi de parler de l'Afrique ?
Le Sénégal, de par son passé et à travers ses « Grands Hommes », à toujours milité pour l'unité de l'Afrique. Ainsi, aborder l'Afrique dans un ouvrage qui traite du Sénégal nous semble être d'une évidence qui s'impose. Aujourd'hui plus que jamais, cette volonté doit davantage s'afficher et être vécue aussi bien dans nos relations avec nos voisins immédiats qu'au travers d'une diplomatie forte à même de véhiculer cette idée et poursuivre cette noble cause.
Parce que, en premier lieu, le destin du Sénégal est intimement lié à celui de l'Afrique, parce qu'ensuite, les enjeux auxquels nous sommes confrontés requièrent, encore plus qu'avant, une coordination de nos actions, de nos politiques, mieux, plus de convergence et parce qu'enfin l'Unité de l'Afrique est notre seul salut.
Aussi, pour reprendre les significations symboliques du drapeau de l'UA, les espoirs et les aspirations de l'Afrique à l'unité, la richesse de l'Afrique et son avenir radieux, la pureté du désir de l'Afrique à avoir des amis véritables dans le monde entier ne pourraient se réaliser que si l'Afrique arrive à défendre les Africains contre eux-mêmes, à parler d'une seule voix, à défendre ses intérêts, à faire, entre autres, de la

démocratie, la liberté de la presse, leviers indispensables au développement, son cheval de bataille , en un mot, et pour parler comme Balandier[117], à dompter les « *forces du dedans* » et les « *forces du dehors* » auxquelles nous sommes soumis.

N'avons-nous pas assez enduré ces politiques contraires à nos ambitions ?

Que nous ont apporté ces partenariats toujours mis en avant avec des concepts de coopération déclinés sous toutes les coutures : *Eurafrique, codéveloppement, contrats léonins, relations décomplexées, immigration choisie …* ?

Qu'avons-nous retenu de notre histoire, de cette histoire que nous devons « assumer » et qui doit être une source intarissable d'inspiration ?

Jusqu'à quand ces caricatures de démocrates, *« ces nombreux dirigeants qui ne reflètent pas nécessairement la vérité des urnes, et dont la représentativité conduit souvent à des arbitrages inattendus »*.

Jusqu'à quand ces « clans » au pouvoir qui sont malheureusement toujours d'actualité, ces États étrangers et ces multinationales qui confisquent notre souveraineté, attisent des conflits meurtriers, pillent nos ressources de façon éhontée [118] et continuent à vouloir nous donner des leçons[119], guidées par je ne sais quelle magnanimité ?

Pourquoi tant de silence à l'endroit de ces régimes kleptocrates, de ces présidents au pouvoir depuis des dizaines d'années *« et dont les traits communs restent le pillage, le gaspillage des ressources publiques, les massacres d'innocents, l'incarcération des adversaires politiques,*

---

[117] Georges Balandier, *Sens et puissance : les dynamiques sociales*, Paris, PUF, 2004, 334 p.

[118] Adapté de « France Afrique. Sortir du Pacte colonial », in *Politique Africaine* N° 105 mars 2007, P 140 - 153.

[119] Lire Demba Moussa Dembélé in, *l'Afrique répond à Sarkozy ; contre le Discours de Dakar*, Editions Philippe Rey, 2008.

l'instrumentalisation de la justice, la manipulation des processus électoraux et l'indifférence ostentatoire face à la misère criante de leur population[120] » ?

Que dire de ces biens mal acquis qui pullulent un peu partout en occident, de ces comptes bancaires qui sommeillent dans les banques étrangères et dont on fait peu de cas[121] ?

L'Afrique serait-elle victime d'une certaine « hypocrisie diplomatique » plus encore, d'une diplomatie non diplomatique qui cacherait mal son jeu et qui serait l'apanage des grands de ce monde au nom d'une certaine « *communauté d'intérêts ou de préférence* »?

Devrions-nous transiger sur l'avenir de tout un continent au nom d'une certaine stabilité géopolitique qui confisquerait *«la volonté prévalente des peuples»,* les aspirations légitimes de liberté et de justice pour l'amélioration des conditions de vie de nations, quelles qu'elles soient ?

La realpolitik peut-elle tout justifier ?

Avec le phénomène de la mondialisation, le monde est devenu un vaste marché planétaire et notre continent, naguère terrain de jeu et arrière-cour des grandes puissances occidentales et des affrontements feutrés entres elles, un enjeu géopolitique de taille où les calculs en tout genre s'entremêlent et rivalisent d'ardeur pour sauvegarder des intérêts matériels, économiques et stratégiques, engranger plus de profits au détriment de l'Afrique et des Africains. Il est temps, comme le dit si bien Tiken Jah Fakoli, de se lever pour changer tout ça. « *N'ayons pas peur de l'ouvrage [...]. Elle n'est pas si loin l'étincelle, il suffit qu'on ouvre les yeux [...] Personne ne viendra changer l'Afrique à notre place[122]* ».

---

[120] Politique Africaine N° 105, *op cit*.
[121] Lire, pour plus de détails, le document de la CCFD (Comité catholique contre la Faim et pour le Développement) : *Biens mal acquis... profitent trop souvent. La fortune des dictateurs et les complaisances occidentales*, mars 2007.
[122] African Revolution, *Il faut se lever,* Tiken Jah Fakoli, 2010.

Il est temps que l'Afrique prenne en charge toutes les questions qui ont une influence sur son destin d'abord, par l'adaptation de ses institutions pour une meilleure prise en charge notamment des enjeux démocratiques et économique, ensuite par la remise à plat de tous les grands sujets qui vont à l'encontre de ses intérêts (la question de la dette[123], les APE, la représentativité de l'Afrique auprès des membres permanents des Nations Unies…), enfin par une réflexion sur la monnaie, les questions environnementales.

I — La démocratie

Comment nous Africains pouvons nous, nous organiser pour prendre en charge notre destin et vaincre les difficultés auxquelles nous faisons face ?
Si l'émergence d'une réelle démocratie n'est pas à elle seule la réponse adéquate à cette question, elle constitue, sans aucun doute, une des solutions, voire la plus importante pour l'émergence d'une Afrique debout.
Mais entendons-nous clairement sur le terme avant d'aller plus loin dans notre analyse. Quoiqu'étant un phénomène très complexe et qu'on pourrait, par ailleurs appréhender sous plusieurs angles, la notion de démocratie ne saurait être bien comprise sans qu'y soient associés l'idée de *«compétition électorale »*, l'aspect « *constitutionnel* » et son caractère *«substantiel»*.
Il en ressort que *« la démocratie ne consiste pas à mettre épisodiquement un bulletin dans une urne, à déléguer les pouvoirs à un ou plusieurs élus puis à se désintéresser, s'abste-*

---

[123] Lire, pour plus d'informations, Désiré Mandilou, *La Dette africaine. L'état des savoirs*, Paris, L'Harmattan, 2008, 201 p ; revoir le discours de Thomas Sankara, du Burkina Faso, devant l'OUA devenue UA sur la dette africaine à Addis-Abeba le 29 juillet 1987 ; Demba M. Dembélé, *l'Afrique répond à Sarkozy; contre le discours de Dakar*, p 89-118.; D. Millet & É. Toussaint :*60 questions, 60 réponses sur la dette, le FMI et la Banque mondiale,* Édition Syllepse CADTM, 2008 , 390p.

nir, se taire pendant cinq ans. Elle est action continuelle du citoyen non seulement sur les affaires de l'État, mais sur celles de la région, de la commune, de la coopérative, de l'association, de la profession. Si cette présence vigilante ne se fait pas sentir, les gouvernements (quels que soient les principes dont ils se recommandent), les corps organisés, les fonctionnaires, les élus, en butte aux pressions de toute sorte de groupes, sont abandonnés à leur propre faiblesse et cèdent bientôt, soit aux tentations de l'arbitraire, soit à la routine et aux droits acquis [...] La démocratie n'est efficace que si elle existe partout et en tout temps[124] ».

En d'autres termes, la démocratie ne saurait être vécue sans être inspirée par les notions de participation populaire, de bonne gouvernance, d'État de droit, de liberté de la presse, de droits de l'homme... comme le souligne à juste titre, dans son préambule, la Charte Africaine de la démocratie, des élections et de la gouvernance de l'UA.

Dès lors, si la volonté de l'UA est *«d'œuvrer collectivement sans relâche pour l'approfondissement et la consolidation de la démocratie, de l'État de droit, de la paix, de la sécurité et du développement dans nos pays [125]»*, si elle est guidée par *«la mission commune de renforcer et de consolider les institutions de bonne gouvernance, l'unité et la solidarité à l'échelle continentale[126]* » et si elle est résolue à « *promouvoir les valeurs universelles, les principes de la démocratie, la bonne gouvernance, les droits de l'homme et le droit au développement [127]* », elle doit prendre ses responsabilités et exiger le respect des nobles principes qu'elle s'est fixés et

---

[124] Pierre Mendes - France : homme politique français, 1907- 1982.
[125] Charte africaine de la Démocratie, des élections et la gouvernance de l'UA, adoptée par la huitième session ordinaire de la conférence tenue le 30 janvier 2007à Addis Abeba (Éthiopie).
[126] Ibid.
[127] Ibid.

dont elle doit s'inspirer pour qu'ils ne restent pas que des intentions de principe, mais deviennent une réalité effective.

Soyons clairs, il ne s'agit nullement d'imposer la démocratie puisqu'elle ne saurait, par définition être imposable. Mais il s'agira, à travers des actions concrètes, pour des raisons de stabilité, de cohérence, de respecter et de faire respecter les choix que nous nous sommes volontairement imposés pour lutter efficacement « *contre tous les facteurs internes et externes qui constituent un obstacle à l'émancipation de nos pays et à l'unification de l'Afrique [...], une entrave sérieuse à l'éclosion d'une société africaine harmonieuse et fraternelle*[128] ».

Ne vaut-il pas mieux une véritable union qu'une union de façade fondée sur l'hypocrisie et le non-respect de principes librement acceptés ? Aussi, pour favoriser l'émergence d'une autre Afrique, ne faudrait-il pas :

- ✓ Initier, par exemple et avec nos critères propres, un classement (quantitatif et qualitatif) des pays en fonction de leur effort de développement, de l'évolution des droits de l'homme, de la liberté de la presse, de la lutte contre la corruption…, classement qui pourrait être, par ailleurs, effectué par l'UA et suivi d'une « injonction » de mieux faire sous peine de sanctions.

- ✓ Réfléchir sur des procédures de pressions et sanctions efficaces contre les « mauvais élèves » car l'Afrique ne se fera que si chacun y met du sien.

- ✓ Développer des mécanismes de solidarité collective, ce qui pose l'urgence d'un « Fonds Monétaire africain » autour duquel les débats se pérennisent. Fonds dont le financement incomberait exclusivement aux Africains.

---

[128] Patrice Émery Lumumba, Sommet panafricain d'Accra, 1958.

- ✓ Privilégier les interventions diplomatiques africaines et soumettre toutes autres interventions étrangères à l'acceptation de l'UA.
- ✓ Redéfinir le rôle des forces d'interposition africaines.
- ✓ Accélérer le processus d'intégration africaine ou de fédéralisme déjà développé par de grands penseurs,[129] car, « *malgré les frontières qui nous séparent, nous avons la même conscience, les mêmes soucis de faire de ce continent africain un continent libre, heureux, dégagé de toute domination [...]* [130] »

Tout pousse à conclure que les malheurs de l'Afrique ne sauraient régresser que si nous privilégions le dialogue par rapport aux positions extrémistes, que si nous nous sacrifions davantage pour les intérêts collectifs, que si nous dépassons les petites différences et les intérêts égoïstes pour nous positionner en bloc afin de peser d'un poids certain sur la scène internationale, que si nous nous évertuons à être du bon côté de l'histoire.

Nous devons donc, plus que jamais, « *chercher des formes d'organisation meilleures, plus adaptées à notre civilisation, en rejetant de manière claire et définitive toute forme d'impositions externes, pour créer des conditions dignes à la hauteur de nos ambitions, en finir avec la survie, nous libérer des pressions, libérer notre campagne de l'immobilisme médiéval, démocratiser notre société, éveiller les esprits à un univers de responsabilité collective, pour oser inventer le futur* [131] ».

Mais, cette libération pourrait-elle être effective sans une réelle indépendance monétaire ?

---

[129] cf. Cheikh Anta Diop, *Les Fondements économiques et culturels d'un État fédéral d'Afrique Noir*, Présence Africaine, 1974, 126 p.
[130] Patrice Lumumba, *op. cit.*
[131] Thomas Sankara, *discours de 1984*.

II — La question monétaire

« Donnez-moi le contrôle sur la monnaie d'une nation et je n'aurai pas à me soucier de ceux qui font ses lois »
Mayer Amshel Rothschild 1743 -1812

« L'Afrique se fera par la monnaie ou ne se fera pas »
J. Tchundjang Pouemi 1937-1984

Aujourd'hui, de plus en plus de voix s'élèvent pour critiquer la gestion du franc CFA. Certains économistes de même que certains politiques n'hésitent plus à soulever la problématique de la suppression de cette monnaie héritée de la colonisation et qui, de par son appellation quand bien même déguisée, nous renvoie à un autre temps.
En effet l'arrimage de cette dernière aux monnaies étrangères et notamment à l'euro n'est-il pas préjudiciable aux intérêts des pays africains ?
Pour rappel, le franc CFA est né d'accords dits de coopération monétaire et financière entre la France et ses anciennes colonies en 1945. Ces accords, pour l'essentiel, fondés sur les principes de la fixité du taux de change, la liberté des transferts, la convertibilité et la centralisation des réserves de change dans un compte dit compte des opérations « *ligotent* » la monnaie des pays concernés aujourd'hui, à l'euro. Ils instituent, de cette façon, un système dans lequel d'un côté, l'appréciation grandissante de l'euro sur la scène internationale entraîne la dépréciation de la monnaie des pays de cette zone (le franc CFA) et d'un autre côté, la trésorerie française se retrouve gérante des économies de ces pays qui sont obligés de transiter par elle[132]. Se crée alors un lien de dépendance des pays africains de cette zone à la France et par

---

[132] Lire à ce propos Nicolas Agbohou, *Le Franc CFA et l'Euro contre l'Afrique*, Paris, Éditions Solidarité mondiale, 2008, 315 p.

conséquent un élément de pouvoir, implicite ou explicite, pour la France sur ces pays.

Aussi, ces accords apparaissent, dans ce sens, plus comme des *accords de dépendance/servitude* que *des accords de coopération*[133]. Une situation qui entrave, comme le souligne à juste titre Demba Moussa Dembélé, toute définition de politiques économiques et sociales autonomes pour les pays concernés, mais aussi pour toute l'Afrique[134] puisque le lien entre les cours du franc CFA et de l'euro ne permet pas à ces derniers de faire varier le cours de leur monnaie en fonction des aspects économiques censés l'influencer.

Comment pouvons-nous nous assumer économiquement, politiquement si nous ne disposons, ainsi, d'aucun pouvoir monétaire, si *« le franc CFA est in fine géré à Francfort en fonction de critères n'ayant aucun rapport avec les préoccupations des économies africaines*[135] » ?

Si l'euro, le dollar, le yen et que sais-je encore, apparaissent pour certains comme une question identitaire mieux, une fierté et un instrument au service du développement, qu'en est-il du franc CFA, de cette devise qui, d'après ce qui précède, perpétue depuis des années une certaine dépendance et favorise, en plus des évasions fiscales et des fuites des capitaux, des instabilités économiques, politiques et sociales dévastatrices[136] ?

---

[133] Lire Joseph Tchundjann Pouemie, *Monnaie, servitude et liberté : La répression monétaire de l'Afrique*, J.A, 1980, 284p.
[134] Demba Moussa Dembélé « Mauvais compte du franc CFA » in *Le Monde diplomatique*, juin 2004, lire pour plus d'informations son article « Le franc CFA en sursis » in *Le Monde diplomatique*, juillet 2010.
[135] Philippe Perdrix, « Le CFA en dix questions », in *Jeune Afrique*, Paris, 15 octobre 2007.
[136] Pierre Franklin Tavares « Pourquoi tous ces coups d'Etat en Afrique », *Le Monde diplomatique*, janvier 2004.

- ✓ Il est temps, pour suivre les conseils d'Axelle Kabou[137], que « *l'Afrique s'assume elle-même, pratique largement et sans complexes les emprunts à l'Occident avec un opportunisme scientifique* » pour mieux et davantage servir les intérêts de l'Afrique et des Africains.

- ✓ Il est temps d'avoir des institutions financières indépendantes capables de servir le développement socio-économique des pays africains par une remise en cause, notamment, du fonctionnement des banques centrales. Car, « *la difficulté structurelle économique que connaissent les PAZF s'explique par le fait que leur banque centrale est dirigée en réalité par l'ancienne puissance colonisatrice dont les intérêts vitaux priment sur ceux des États africains [...]*[138] »

- ✓ Face à l'émergence des « géants économiques », à l'émiettement monétaire de l'Afrique qui nous conduit à l'impotence, la création d'une monnaie africaine commune à long terme et d'une monnaie commune pour tous les pays d'Afrique de l'Ouest à court terme paraît incontournable.

En dépit des exigences que cette monnaie commune suppose (coordination et harmonisation plus soutenue des politiques monétaires pour faciliter le processus d'intégration financière, fin de l'arrimage à l'euro, redéfinition des relations de cette future monnaie unique avec les principales monnaies fortes...), elle doit constituer un impératif à réaliser pour permettre une plus grande intégration monétaire. Cela permettra, sans doute, de favoriser davantage les échanges dans la zone. Ce qui aura un impact positif sur nos économies qui seront moins

---

[137] Axelle Kabou : *Et si l'Afrique refusait le développement ?* L'Harmattan 1991, 208 p.
[138] Nicolas Agbohou, Ibid., p34

dépendantes de l'extérieur et par conséquent des chocs extérieurs.

III — L'environnement

De l'avancée du désert dans le Sahel en passant, entre autres, par la disparition progressive du lac Tchad, la rareté de l'eau qui s'amplifie dans certaines zones, la fonte des neiges du Kilimandjaro..., les impacts du changement climatique sont à l'œuvre avec des conséquences économiques, sociales et géopolitiques désastreuses pour la plupart de nos pays.
Cette situation, à laquelle s'ajoutent les problèmes environnementaux déjà existants et à moitié résolus, ces « poubelles » qui inondent l'Afrique, constitue une plaie dans laquelle certains remuent le couteau, exacerbant ainsi un contexte environnemental déjà critique à travers toute l'Afrique et qui va crescendo avec l'accroissement démographique et la poussée urbaine.
Pourtant, comme le mentionne Philippe Hugon *« Les questions environnementales ne sont un luxe ni pour l'Occident, ni pour l'Afrique. Il s'agit de conditions de survie immédiate et à moyen terme. Pour l'Afrique, beaucoup plus vulnérable, c'est un enjeu majeur et les responsables ont mis du temps à intégrer cela*[139]*».*
En effet, dans la majeure partie des pays africains, toutes ces fragiles économies reposent, pour la plupart, sur des ressources naturelles desquelles dépend la survie de tant de populations. Face donc aux changements climatiques qui bouleversent leurs habitudes, réduisent leurs espaces de survie et les paupérisent de plus en plus, ne pas se soucier de ces questions revient à se tirer une balle dans le pied et à

---

[139] Philippe Hugon, *Géopolitique de l'Afrique*, Paris, Éditions Broché, 239 p.

compromettre durablement nos avenirs respectifs, mais aussi communs.

Si pour certains, à l'image de Jean-Michel Valantin, la question est de savoir *« comment allons-nous faire pour travailler ensemble, à toutes les échelles de la société mondiale, pour faire en sorte que les risques globaux induits par les changements climatiques n'aient pas des effets systémiques qui aillent d'Australie en Afrique, d'Afrique en Europe, etc.* [140] *»*, pour nous africains, elle pourrait se poser en d'autres termes du fait de nos propres impératifs, de nos fragilités et de notre exposition aux *« forces du dedans et du dehors »*.

Par conséquent, comment faire en sorte qu'en matière environnementale l'Afrique se fasse entendre ?

Dans une moindre mesure, certaines initiatives prises à l'échelle sous régional, et dans une plus large mesure l'élaboration, lors du 7e Forum mondial du développement durable à Ouagadougou, d'une déclaration africaine commune, ainsi que certains projets du NEPAD vont dans ce sens. Cependant, beaucoup reste à faire dans le cadre d'une prise en charge collective des questions environnementales : la coordination et le renforcement des institutions sous régionales, le développement des systèmes d'informations appropriées et d'évaluation de l'environnement ainsi que la mobilisation des ressources financières, mais aussi et surtout des mesures de protection de l'environnement à l'échelle continentale[141].

---

[140] Jean - Michel Valantin, *Menaces climatiques sur l'ordre mondial*, Éditions Lignes de Repères, 2005, 152 p.
[141] Adapté de http://www.cooperation.net/k2ri/l-etat-de-l-environnement-en-afrique-de-l-ouest?view=true, lire aussi Grenier Laurent (Coord.) (2008), *Aspects contemporains du droit de l'environnement en Afrique de l'Ouest et Centrale*. UICN, Gland, Suisse.xvi, 224p.

- ✓ Encourager la collaboration pour une convergence environnementale et la mise en place d'un code de l'environnement à l'échelle sous régionale puis continentale.
- ✓ Créer les conditions pour l'émergence d'une cour africaine de l'environnement pour une justice écologique au niveau continental avec des compétences à définir.

Autant de solutions susceptibles d'améliorer notre action.

« *Chaque période historique définit les objectifs à atteindre en matière de progrès et de choix politiques* » disait Nelson Mandela. Les quelques idées développées ici, à travers la démocratie, la monnaie et l'environnement, constituent, pour l'Afrique, des objectifs et des progrès, parmi tant d'autres, à atteindre. Aussi, « *au lieu de s'éterniser dans la faiblesse, la division et la surenchère déclamatoire de patriotes de circonstances [...] un travail politique préalable* [doit[142]] *transformer les consciences d'une façon radicale, afin de les préparer aux tâches austères qu'exige une indépendance réelle* [143]». l'UA, de par son rôle, ses ambitions et en dépit de la partition que doit jouer chaque État africain dans cette optique, doit être avant-gardiste dans cette transformation des consciences, puis *«se pencher résolument sur la recherche et la formulation de solutions endogènes s'appuyant d'abord sur ses propres aspirations, ses propres potentialités et moins dépendantes de l'extérieur»*. Pour qu'au nom de la liberté s'incarne « *la victoire réjouissante et éclatante de la justice sur la force, de l'espoir sur la résignation, de la vie sur la soumission [...]*[144]»

---

[142] Cité par nos soins
[143] Cheikh Anta Diop, *op. cit.* p 44
[144] Nelson Mandela *op. cit.*

CONCLUSION

« Le propre de la sagesse et de la vertu est de gouverner bien, le propre de l'injustice et de l'ignorance est de gouverner mal ».

Cette affirmation de Platon, extraite de *La République* suppose que bien gouverner nécessite des hommes de bonne volonté soucieux de l'intérêt général, mais aussi et surtout une bonne dose de bon sens et des d'idées susceptibles d'exprimer, en ce qui nous concerne, des aspirations légitimes : plus d'égalité, plus de justice, une attention à l'égard de tous, bref, une nouvelle république pour un Sénégal serein et des Sénégalais confiants en l'avenir.

Aussi, pour changer le Sénégal, il faut commencer par changer notre vision du Sénégal et, pour paraphraser Raphaël Canet[145], ne pas laisser le scepticisme se parer des apparats de la rationalité en s'appuyant sur l'ignorance.

Tout au long de notre réflexion, nous avons essayé, sans prétention aucune, d'exposer une autre vision du Sénégal à travers des idées et des propositions dont la concrétisation pourrait dépendre des réformes énumérées dans cet ouvrage: réorganiser l'État, réformer la fiscalité, créer les conditions d'une croissance durable, faire preuve de plus de solidarité…

Ces idées et ces propositions susciteront, peut-être, plus d'émotion que de réflexion. Mais, j'en conviens, *« les idées sont comme les êtres vivants. Elles naissent, elles croissent, elles prolifèrent, elles sont confrontées à d'autres idées et elles finissent par mourir*[146] *».*

---

[145] P. Baudet, R. Canet, M. J. Massicotte, *L'altermondialiste : Forums sociaux, résistance et nouvelle culture politique*, Editions Ecosociété, Montréal 2010 p 8 - 18.

[146] Bernard Werber, L'empire des anges, Paris, Editions Albin Michel, 2000, 222 p /http://vimadal.free.fr/Bibliotheque/Anges.pdf.

Mais, que l'on ne s'y trompe point, les graines d'une réussite quelle qu'elle soit réside dans la manière dont les choses sont menées, les priorités mises en avant, ainsi que les actions mises en œuvres. En d'autres termes, et pour évoquer Gandhi, les moyens peuvent être comparés à une graine et la fin à un arbre. Par conséquent, il existe le même rapport intangible entre les moyens et la fin qu'entre la graine et l'arbre.

Aussi, nous ne pouvons plus nous permettre d'agir comme si de rien n'était, répétant sans cesse les mêmes erreurs d'hier et d'aujourd'hui, qui, si on n'y prend garde, nous mènerons droit dans le mur.

Nous ne pouvons plus admettre que « *l'expression de la démocratie soit accaparée par quelques-uns[147]* » au détriment du plus grand nombre laissé sur le bord du chemin.

Nous ne pouvons plus accepter les promesses faites dans le vent d'une étincelle d'inspiration d'un jour ou d'une hallucination.

Nous ne pouvons échapper à la nécessité de bâtir un autre Sénégal basé sur la justice sociale, la coopération, le respect et sur une Afrique forte et digne.

Il nous faut donc impérativement modifier les fonctions régaliennes de l'État pour, davantage et mieux, faire face aux préoccupations quotidiennes des Sénégalais, agir pour l'espérance et rendre au Sénégal la maîtrise de son destin.

Il nous faut repenser autrement l'Afrique pour davantage favoriser une union plus que jamais nécessaire, faire entendre sa voix, défendre ses intérêts.

Est-ce un rêve, de l'utopie ?

Quand bien même ce serait le cas, l'importance du rêve ou de l'utopie n'est-elle pas de permettre d'aller de l'avant ?

---

[147] P. Baudet, R. Canet, M. J. Massicotte , *op cit.* p 466

À vous tous qui aurez ce modeste travail entre vos mains, je vous invite à rêver avec moi. Car, comme disait Hundertwasser, « *lorsqu'un seul homme rêve, ce n'est qu'un rêve. Mais si beaucoup d'hommes rêvent ensemble, c'est le début d'une réalité* ».

Puissent tous ceux qui liront ce livre y trouver résolument des raisons d'espérer.

RÉFÉRENCES BIBLIOGRAPHIQUES

AGHION Philippe et Élie Cohen, *Éducation et croissance*, Rapport du Conseil d'analyse économique N° 46, La Documentation française, 2004, 144p.

AFRIMAP & Open Society Initiative for West Africa, *Sénégal ; le secteur de la justice et l'État de droit*, novembre 2008, 190p.

ALTERNATIVES ÉCONOMIQUES HORS-SERIE N° 068 février 2006.

ALTERNATIVES ÉCONOMIQUES N° 133 — Janvier 1996.

AGBOHOU Nicolas, *Le franc CFA et l'euro contre l'Afrique*, Paris, éditions Solidarité Mondiale A.S, 2000, 292 p.

AMARTYA SEN, *Un nouveau modèle économique, Développement, justice, liberté*, Paris, éditions Odile Jacob, 2000, 480 p.

ANSDS, *Situation économique et sociale du Sénégal en 2009* novembre 2010.

AUGEY D., REBILLARD F., « La dimension économique du journalisme » in *Les Cahiers du journalisme* N° 20 - Automne 2009 :10 — 21.

CONSEIL ÉCONOMIQUE ET SOCIAL « Dynamiser l'investissement productif en France », in *Avis et Rapports* 2008 p 1-5.

BA Boubacar, *Agriculture et Sécurité alimentaire au Sénégal*, Paris, Harmattan 2008, 350 p.

BALANDIER Georges, *Sens et puissance : les dynamiques sociales*, Paris, PUF, 2004, 334 p.

BANEGAS R., MARCHAL R., MEIMON J., « France Afrique. Sortir du Pacte colonial ; pour une autre politique de la France en Afrique » in *Politique Africaine* N° 105 mars 2007.

BARRERE Alain, *L'enjeu des changements : exigences actuelles d'une éthique économique et sociale,* Editions Erès, 1991, 325 p.

BEAUDET P., CANET R., MASSICOTTE M-J., *L'altermondialiste : Forums sociaux, résistance et nouvelle culture politique,* Montréal, Editions Ecosociété, 2010: 8 -18.

BERNARD P. ; « Le Sénégal en trompe-l'œil » in *Le Monde* diplomatique, 17 mai 2006

BLUNDO Giorgio & OLIVIER DE SARDAN J. P., « La corruption quotidienne en Afrique de l'Ouest » in *politique Africaine* N° 83 octobre 2001 : 8- 37.

BURIMI GENC, *L'Amérique latine, l'autre jambe de la croissance mondiale,* 5 juillet 2010.

BOUGNOUX DANIEL, « Médias et démocratie : La fonction des médias dans la démocratie » in *Cahiers Français, Information, médias et Internet* N° 338, 2007.

BOUZOU N., MARINI P., CHAMBON J.L., DAVID J. H., *Rigueur ou Croissance ? Le dilemme du Buridan ou la politique économique face à la dette,* Paris, éditions d'Organisation Eyrolles, 2011, 215 p.

CAMARA Marie Bernard, *la gestion des ressources halieutiques au Sénégal : une contribution à la réalisation des Objectifs du Millénaire pour le Développement,* p 1 — 16.

CHALLENGE N° 225, « Le grand soir fiscal », *septembre* 2010 : *69 — 85.*

COULIBALY A. L., *Une démocratie prise en otage par ses élites,* Paris, Harmattan, 2006, p 225.

COULIBALY A. L.; *Wade, un opposant au pouvoir. L'alternance piégée* ? Dakar, éditions Sentinelles, 2003, 300 p.

COURRIER INTERNATIONAL, *l'occident est-il fini ?* Février-mars-avril 2011.

C.G.D : « Projet de recherche-action 2009 sur le Constitutionnalisme et les Révisions constitutionnelles en Afrique de l'Ouest : le cas du Bénin, du Burkina Faso et du Sénégal », 2009 : 2- 48.

DAFFE & DIAGNE, *Le Sénégal face aux défis de la pauvreté : Les oubliés de la croissance*, Paris, Editions Karthala, CRES, KARTHALA, CREPOS, 2009 : 323-367.

DELFORCE Bernard, « La responsabilité sociale du journaliste : donner du sens » in *les cahiers du journalisme N° 2*, 1996 : 16 — 32.

DEMBELE Demba Moussa in *l'Afrique répond à Sarkozy ; contre le discours de Dakar*, Paris, Editions Philippe Ray, 2008 : 89-118.

DEMBELE Demba Moussa « Mauvais compte du Franc CFA »in *Le Monde diplomatique*, juin 2004.

DEMBELE Demba Moussa, *Le Franc CFA en sursis* in *Le Monde diplomatique*, juillet 2010.

DEBRÉ Jean Louis, Président du Conseil constitutionnel français in *Le monde diplomatique* 9 juin 2004.

DIDIER Michel, *des idées pour la croissance,* Paris Economica Rexode, 2003, p 35.

DIOP C. A., *Nations Nègres et Cultures,* Présence Africaines, Paris, réédition 2009, 564 p.

DIOP Cheikh Anta, *Les Fondements économiques et culturels d'un État fédéral d'Afrique Noir*, Paris, Présence Africaine, 1974, p126

DIOP M. C., *Le Sénégal Contemporain,* Paris, Editions Karthala 2002 : 23-24

DIOP M. C. ; « Le Sénégal à la croisée des Chemins » in Afrique Politique N° 104 p 113 — 115.

DIOP Momar Sokhna, *quelles alternatives pour l'Afrique ?* Paris, Harmattan, 2008, 184 p.

DIOP, O'BRIEN, DIOUF ; *la Construction de l'État du Sénégal,* Paris, Editions Karthala, 2002 : 47 — 82.

DIOUF Arouna Ndoffène, *la transparence des finances publiques au Sénégal* lors d'une conférence tenue à Paris le 28 juin 2008.

DOHLMAN E & SODERBACK M., *Croissance économique ou réduction de la pauvreté : un débat stérile ?* www.observateurocde.org

DRAMANI LATIF & LAYE OUMY : ANSD Août 2008 *« l'évolution de l'investissement au Sénégal »,* 9e session Dakar, 14 juin 2010 du CPI les déterminants de l'investissement privé au Sénégal.

DUFUMIER Marc, *Agricultures africaines et marché mondial,* Fondation Gabriel Péri, *2007, 89p.*

DJIBO H. HAROUNA, *le financement des PME au Sénégal,* Maitrise en Administration des Affaires I.P.G de Dakar.

FALL I. M., *Évolution constitutionnelle du Sénégal: De la veille de l'indépendance aux élections,* Paris, Karthala, 2009, 103 — 128.

FAKOLY Tiken Jah, *on a tout compris (mangercratie),* France Afrique 2002.

FAKOLI Tiken Jah, *Il faut se lever,* African Revolution, 2010

FALL Moussa, « La baisse du niveau des élèves en Français : Mythe ou réalité ; le cas du Sénégal » in *Sud langue* N° 3, 2003 :150 — 161.

FMI, *Rapport no 10/165*, juin 2010.

FOUDA Vincent Sosthène, « Les médias face à l'ouverture démocratique en Afrique noire : doutes et incertitudes » in *Les Cahiers du journalisme* N° 19, Hiver 2009, p 202 — 211

GNESOTO & GREVI, *le monde en 2025*, Paris, éditions Robert Laffont, 2007 :109 -132.

GRANVAUD Raphaël, *que fait l'Armée française en Afrique ?* Paris, éditions Agone, 2007, 473 p.

HESSEL Stéphane, *indignez-vous !,* Paris, indigènes Éditions 2010, p 9.

HUGON Philippe, *Géopolitique de l'Afrique*, Paris, éditions Armand Collin, 2010, 127 p.

JENNAR R. M. & KALATIDES L., *L'AGCS : Quand les États abdiquent face aux multinationales*, Paris, éditons Liber, 2007, 122 p.

KABOU Axelle *: Et si l'Afrique refusait le développement ?* L'Harmattan 1991,208 p.

LABARTHE Gilles, *L'Or Africain : Pillages, Trafics & Commerce international*, Paris, Editions Agone, 2007,222 p.

LABARTHE Gilles, *Régulation, médiation, veille éthique: Les Conseils de presse, la solution ?*, Collection Journalisme responsable, mars 2008 : 5-30.

MANDILOU Désiré, *La Dette africaine. L'état des savoirs,* Paris, L'Harmattan, 2008, 201 p.

MAINVILLE & LAILLER, *les politiques de sécurité alimentaire au Sénégal depuis les indépendances*, Paris, Harmattan, 2005,167 p.

MARTIN T., WITTMANN F., *entre tradition orale et nouvelles technologies : où vont les mass médias au Sénégal*, Institut für Ethnologie und Afrikastudien 2004 : 8 — 171.

MARIANNE n° 712 du 11 au 17 déc. 2010 : 60 — 67.

MARS Kettly, in *L'Afrique répond à Sarkozy : Contre le discours de Dakar*, Paris, Editions Philippe Rey, 2008, p389

MILLET D. & TOUSSAINT E, *60 questions, 60 réponses sur la dette, le FMI et la Banque mondiale,* Paris, Édition Syllepse CADTM, 2008, 390 p.

MILLET D. & TOUSSAINT E.; *les tsunamis de la dette*, Paris, Éditions Syllepse, 2005, 189 p.

MELENCHON Jean Luc, *qu'ils s'en aillent tous, vite la révolution citoyenne*, Paris, Flammarion, 2010 :13 — 25

NOUVEL OBSERVATEUR N° 2407 — 2408 janvier 2010 : 65 — 115

OBAMA Barack, *discours sur la Question raciale* prononcé le 18 mars à Philadelphie 2008

OBAMA Barack, *discours d'investiture* du 20 janvier 2009

O'BYRNE-ROUBAS Isabelle, *Il n'y a pas d'âge pour décrypter l'économie* , éditions l'Étudiant 2009, p 221

PÉAN Pierre, *Carnages : Les guerres secrètes des grandes puissances en Afrique,* Fayard, Paris 2010, 570 p.

PERDRIX Philippe, *Le CFA en dix questions* , Paris, Jeune Afrique, 15 octobre 2007

PROBLÈMES ÉCONOMIQUES N° 3002, p 8

PROBLÈMES ÉCONOMIQUES N° 3006 de novembre 2010, p 19 — 42

PROBLÈMES ÉCONOMIQUES, *les économistes face à la crise*, N° spécial 2970 d'avril 2009

PROBLÈMES ÉCONOMIQUES N° 3010 : *l'Afrique décolle* janvier 2011

PROBLÈMES ÉCONOMIQUES N°3007, novembre 2010 p 44-46

RAMONET Ignacio, « Pour une information libre », in *Le Monde diplomatique* 1996

ROCARD M., BOURG D. AUGAGNEUR, F., « Le Genre humain menacé », in *Le Monde*, 04 — 04 — 2011 p18

ROYAL S., *OBAMA, LULA, forum social, dix leçons convergentes*, Paris, jean Jaurès Fondation, mars 2009 p 22

SANKARA Thomas — *discours afin de galvaniser ses hôtes africains et promouvoir l'expérience bolivarienne,* 1984

SANKARA Thomas -, *discours sur la dette africaine devant l'OUA* à Addis-Abeba le 29 juillet 1987

SISSOKO Fily, « L'aide, premier employeur du Sénégal après l'État ? », in *Échos de la Banque mondiale* N° 5 juillet 2006, p. 22

SENE Ibrahima, « *De l'agriculture familiale à l'agro-business : la transition est-elle possible ? Quel avenir pour les agricultures d'Afrique de l'Ouest ?* », Séminaire de la Fondation Gabriel Péri en 2006.

SOCK Oumar (ESP, UCAD) *Politique d'enseignement supérieur et de Recherche scientifique au Sénégal : situation actuelle et perspectives*, 2004 :1 — 11.

STIGLITZ J., le *triomphe de la cupidité,* Babel, 2010:129 — 135

TCHUNDJANN POUEMIE Joseph, *Monnaie, servitude et liberté la répression monétaire de l'Afrique,* Paris, Editions J.A, 1980, 284p.

THIAM Assane, « Une Constitution, ça se révise !, Relativisme constitutionnel et État de droit au Sénégal » in *politique Africaine* N° 108, décembre 2007 :147 — 153

UNESCO, *Liberté de la presse et développement,* 2007 p 5 — 134

VERSHAVE François-Xavier, *de la France Afrique à la Mafiafrique,* Paris, Éditions Tribord 2004, p. 66

PNUD, *Rapport sur le développement humain 2010*, Édition du 20e anniversaire du RDH

SAMB Moustapha, « Médias, pluralisme et organes de régulation en Afrique de l'Ouest » in *Les Cahiers du journalisme* N ° 20 Automne 2009 : 218 – 237

SAINT MARC Philippe, *Socialisme de la Nature*, Paris, Éditions Stock, 1971, 381 p

WATINE T., BEAUCHAMP M., « La nouvelle responsabilité sociale des médias et des journalistes » (Synthèse des travaux du groupe de réflexion NORSOM en1995-1996*), Cahiers du journalisme* N° 2, p 108 — 127

PNUE :Rapport GEO-3, *l'avenir de l'environnement mondial 3 ; le passé, le présent et les perspectives d'avenir*, 2002

UNION AFRICAINE *Charte Africaine de la Démocratie, des élections et la gouvernance de l'UA*, adoptée par la huitième session ordinaire de la conférence tenue le 30 janvier 2007a Addis Abeba (Éthiopie)

TAVARES Pierre Franklin, « Pourquoi tous ces coups d'Etat en Afrique » in *Le Monde diplomatique*, janvier 2004

VALANTIN Jean-Michel, *Menaces climatiques sur l'ordre mondial,* Éditions Lignes de Repères, 2005, 158 p

TABLE DES MATIÈRES

Introduction 9

Chapitre 1
POUR UNE REFONDATION IDÉOLOGIQUE ET
RÉPUBLICAINE 15
   I — Le sens du consensus... 17
   II — Une constitution stable au service de la nation 19
   III — Le Retour de l'État 21
   IV — Une nouvelle praxéologie politique....................... 26
   V — Le culte de la citoyenneté 30
   VI — Un nouveau contrat social 33
      1 — Réhabiliter la justice 35
      2 — Repenser L'école 37
      3 — Renforcer la fourniture d'aides et de protections
sociales.. 41

Chapitre 2
POUR PROMOUVOIR UNE CROISSANCE DURABLE. 45
   I — La bonne gouvernance 47
   II — Lutte contre le chômage 51
      1 — Plan de relance économique 52
      2 — Favoriser les conditions pour un développement
réel de l'agriculture... 60

Chapitre 3
POUR DES MÉDIAS LIBRES AU SERVICE DU
DÉVELOPPEMENT 67

Chapitre 4
POUR UNE PÉDAGOGIE ÉCOLOGIQUE 73

Chapitre 5
POUR PLUS D'AFRIQUE ET MIEUX D'AFRIQUE 79
   I — La démocratie 82
   II — La question monétaire 86
   III — L'environnement 89

CONCLUSION 92

RÉFÉRENCES BIBLIOGRAPHIQUES 95

L'HARMATTAN, ITALIA
Via Degli Artisti 15; 10124 Torino

L'HARMATTAN HONGRIE
Könyvesbolt ; Kossuth L. u. 14-16
1053 Budapest

ESPACE L'HARMATTAN KINSHASA
Faculté des Sciences sociales,
politiques et administratives
BP243, KIN XI
Université de Kinshasa

L'HARMATTAN CONGO
67, av. E. P. Lumumba
Bât. – Congo Pharmacie (Bib. Nat.)
BP2874 Brazzaville
harmattan.congo@yahoo.fr

L'HARMATTAN GUINÉE
Almamya Rue KA 028, en face du restaurant Le Cèdre
OKB agency BP 3470 Conakry
(00224) 60 20 85 08
harmattanguinee@yahoo.fr

L'HARMATTAN CAMEROUN
BP 11486
Face à la SNI, immeuble Don Bosco
Yaoundé
(00237) 99 76 61 66
harmattancam@yahoo.fr

L'HARMATTAN CÔTE D'IVOIRE
Résidence Karl / cité des arts
Abidjan-Cocody 03 BP 1588 Abidjan 03
(00225) 05 77 87 31
etien_nda@yahoo.fr

L'HARMATTAN MAURITANIE
Espace El Kettab du livre francophone
N° 472 avenue du Palais des Congrès
BP 316 Nouakchott
(00222) 63 25 980

L'HARMATTAN SÉNÉGAL
« Villa Rose », rue de Diourbel X G, Point E
BP 45034 Dakar FANN
(00221) 33 825 98 58 / 77 242 25 08
senharmattan@gmail.com

L'HARMATTAN TOGO
1771, Bd du 13 janvier
BP 414 Lomé
Tél : 00 228 2201792
gerry@taama.net

525353 - Mars 2013
Achevé d'imprimer par